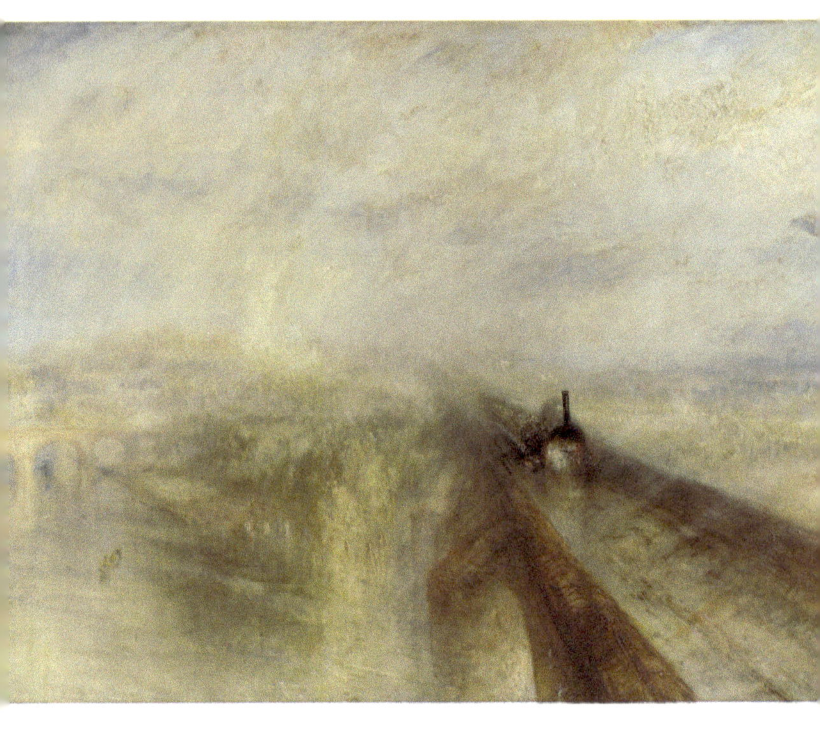

WIE SCHNELL IST KUNST?

WILLIAM TURNERS
„REGEN, DAMPF UND GESCHWINDIGKEIT"

Christof Diedrichs

⊙ **ein**blicke – Kunstgeschichte in Einzelwerken
Band 6

Bibliographische Information der Deutschen Nationalbibliothek:
Die Deutsche Nationalbibliothek verzeichnet diese Publikation
in der Deutschen Nationalbibliografie. Detaillierte bibliografische
Daten sind im Internet unter http://dnb.dnb.de abrufbar.

© 2018 Christof Diedrichs/Freiburg i. Br.
2. Auflage (09/2018)
Herstellung und Verlag:
BoD – Books on Demand, Norderstedt
Umschlaggestaltung: Field Interactive, Dortmund

ISBN: 978-3-7528-3509-0

Abb. 1 (Frontispiz):
William Turner, Regen, Dampf und Geschwindigkeit –
die *Great Western Railway*, 1844;
London, National Gallery

Bilder müssen mit so viel Überlegung
und Behutsamkeit betrachtet werden,
wie sie gemalt wurden.

„Ich habe es nicht gemalt, damit es verstanden würde, sondern weil ich zeigen
wollte, wie solch ein Schauspiel aussieht.“

(William TURNER)

„Ein Maler, der ein Naturobjekt getreulich darstellt, ist dadurch so wenig ein
großer Künstler, wie ein Mensch, der sich
grammatikalisch und sprachlich melodiös
ausdrückt, damit schon ein großer Dichter ist. […] Der gewöhnliche Mensch
weiß, dass die Pfütze am Straßenrand
trüb ist und malt sie trüb; der große Maler sieht tiefer und hinter die braune
Oberfläche […]. Wenn die Maler doch
nur hinaus gingen auf die nächste Ge-
meindewiese, an den nächsten, schmutzigen Teich und diesen genau malten, sich
dabei nicht überlegten, dass es sich um
Wasser handelt, das sie malen, und dass
Wasser auf eine bestimmte Art gemalt
werden muss; sondern entschlossen das
malten, was sie *sehen*!“

(John RUSKIN)

Für Silke
uxori amantissimae

INHALT

Einleitung – Über die Betrachtung von Kunstwerken 9
Warum epochal? – Aus Welterklärung wird Weltanschauung: die Antworten der Kunst – Kryptotechnik *versus* Imagination – Verselbstständigung der künstlerischen Mittel – Eine Leerstelle deuten

William Turner: *Regen, Dampf und Geschwindigkeit* 28
Das Gemälde 1: Erste Betrachtung – Eisenbahn-Manie – Das Gemälde 2: Gegenständlichkeit

Aus Natur wird Kunst 42
Regen und Dampf und Geschwindigkeit – Das Gemälde 3: Künstlerische Mittel

Aus Kunst wird Leben 69
Paradigmenwechsel der abendländischen Kunstgeschichte – Bild und Betrachter

Im Sehen versunken 79
Der sich bewegende Betrachter – Der erlebende Betrachter – Die Natur befragen – Turners wichtigste Beschäftigung

Anhang

Anmerkungen 88

Abbildungen 95

Abbildungsnachweis 103

Abgekürzt zitierte Literatur 104

Glossar – Erklärung von Fachbegriffen 106

Dank 108

Die Reihe „**ein**blicke – Kunstgeschichte in
Einzelwerken" 110

EINLEITUNG
ÜBER DIE BETRACHTUNG VON KUNSTWERKEN

Die bedeutendste Epochenschwelle innerhalb der gesamten abendländischen Geschichte der Kunst ist jene zwischen der Vormoderne und der Moderne. Keiner anderen gingen solche Umwälzungen innerhalb von Gesellschaft und Kultur voraus und keine hatte Konsequenzen von einer Tragweite wie diese.

In dieser Buchreihe wurde diese Epochenschwelle bereits früher thematisiert.[1] Dort war darauf hingewiesen worden, dass kennzeichnend für vor-moderne Kunst, also die Kunst des Mittelalters und der Neuzeit bis zur Wende vom 18. zum 19. Jahrhundert, vor allem die Tatsache ist, dass sie *Bedeutung vermitteln* will. Sie ist ein Medium der Übertragung von Botschaften, ohne dass Gefallen oder Geschmack im Zentrum der Aufmerksamkeit gestanden oder dass sie beim Betrachter subjektive, individuelle und damit freie Assoziationen hätte anregen wollen. Stattdessen war es der zeitgenössische Betrachter gewohnt, die vom Auftraggeber festgelegte und vom Künstler in eine entsprechende Form gefasste Botschaft zu entschlüsseln und sie auf seine je eigene Situation anzuwenden.

Moderne Kunst dagegen will keine solche objektivierende, eindeutig vorformulierte, konkrete Aussage machen. Stattdessen bietet sie dem Betrachter gestaltete Leerstellen*, gewissermaßen mit Requisiten ausgestattete, aber unbespielte Bühnenräume an, die von ihm selbst aktiv mit subjektiven Assoziationen und letztlich mit Bedeutung gefüllt werden müssen. Der Rezipient, der

---

*   Mit einem Stern gekennzeichnete Begriffe werden im Glossar, S. 106, erläutert.

einst als passiver Zuschauer im Parkett saß, muss, da er sich nun auf der Bühne wiederfindet, diesen Raum in Eigenregie mit Handlung füllen; andernfalls bleibt dieser leer und ohne eine ‚Aussage‘, bleibt das Angebot ungenutzt. Damit aber sieht die moderne Kunst nicht nur formal anders aus als die vormoderne, sie fordert vom Rezipienten auch einen anderen Umgang mit ihr.

Wenn dies indessen für die *Betrachtung* des Kunstwerks gilt, gilt es umso mehr für seine Analyse und Deutung, wenn es eine solche überhaupt noch gibt.

In ihrem historischen Verlauf breitet sich diese Epochenschwelle, die in Wirklichkeit ein historisch hoch komplexer und langwieriger Vorgang war, über mehr als ein Jahrhundert aus. Der Einfachheit halber datieren wir sie in die Zeit um 1800. Wir werden aber sehen, dass die Wurzeln bereits im 16. und 17. Jahrhundert liegen, bei genauerem Hinsehen sind sogar noch frühere auszumachen. Und auch im fortgeschrittenen 19. Jahrhundert ist der Prozess noch keineswegs abgeschlossen.

Mit Blick auf eine Definition der ‚Moderne‘ bedeutet das: Die Moderne, wenn wir sie als Epoche innerhalb der abendländischen* Kunst- und Kulturgeschichte auffassen wollen, beginnt in den Jahrzehnten um die Wende vom 18. zum 19. Jahrhundert.

Warum epochal?

Die epochale Bedeutung dieser Schwelle hat grundlegend mit dem Zusammenbruch des bis dahin unangefochten geltenden Weltbilds zu tun. Dieses war im Wesentlichen christlich geprägt und das in einem Maß, dass sogar naturwissenschaftliche Fragen mit einem Blick in die Bibel statt mit dem Blick in die Natur beantwortet wurden. Die letzte Instanz für die Beantwortung dieser Fragen war die Kirche mit ihren theologischen Kommissionen. So kam es, dass die Sonne nicht im Zentrum des Sonnensystems stehen konnte, weil es der biblische Bericht von der Erschaffung der Welt[2] anders beschrieb, und dass die Vorstellung, der Mensch könne vom Affen abstammen, deswegen nicht stimmen konnte, weil er in der Bibel als ‚Abbild Gottes‘ beschrieben worden ist.[3] Die Beobachtungen und Schlussfolgerungen Galileo Galileis (1564–1642) oder noch Charles Darwins (1809–1882) *konnten* nicht stimmen, da sie zur biblischen Offenbarung in Widerspruch standen und zu theologisch unlösbaren Problemen geführt hätten. Dieses Argument reichte aus, um die von Naturwissenschaftlern entwickelten Erklärungsmodelle der Welt für unzutreffend zu erklären.

Erste Ansätze zu einer Lockerung dieses Gefüges haben sich bereits seit der Entstehung des Humanismus in der Renaissance (15./16. Jahrhundert) entwickelt, doch vermochte es erst die Aufklärung seit dem 18. Jahrhundert, die nicht mehr Gott, sondern den Menschen zum Angelpunkt der Erkenntnis machte, das christliche Weltbild wirksam in Frage zu stellen und die Kirche aus ihrer Position der absoluten Hüterin der durch Gott offenbarten Wahrheit(en) zu verdrängen.

Die folgenschwerste Konsequenz der Aufklärung war es, dass das christlich geprägte, allgemein verbindliche Modell zur Erklärung der Welt in breiten Schichten der Gesellschaft seine Gültigkeit verlor und der Mensch ganz auf sich selbst und seine individuelle Reflexions- und Erkenntnisfähigkeit zurückgeworfen war. Wenn Bernhard von Clairvaux (1091–1153) im 12. Jahrhundert im Streit mit dem aufklärerisch denkenden Petrus Abaelard (1079–1142) noch postulieren konnte, Glaube sei eben nicht eine Meinung, sondern von Gott geoffenbartes

Wissen, also Gewissheit,[4] so wurde ‚Glaube‘ seit dem späten 18. Jahrhundert genau umgekehrt als nach subjektiven Kriterien entwickelte und damit potentiell irrige Überzeugung definiert. Die Bibel jedenfalls gilt in der Wissenschaft nun nicht mehr als „die sichere und feste Wahrheit", als die Bernhard sie noch bezeichnet hatte. In einer naturwissenschaftlichen Publikation hat sie seither keinen Platz mehr.

Während sich also die Gesellschaft vor dem Beginn von Aufklärung und Moderne in den Fragen der Welterklärung auf die biblische Überlieferung verließ, zeichnet sich die moderne Gesellschaft gerade durch das aus, was Bernhard an der progressiven Denkweise seines Widersachers Abaelard kritisiert hatte: dass sie ohne jeden Respekt vor Autoritäten wirklich alles in Frage zu stellen bereit ist, und sei es das Selbstverständlichste, das seit Jahrhunderten geglaubt wurde; oder, in den Worten Bernhards: „an allem zu zweifeln und nichts zu wissen".[5]

Mit dem christlichen Welterklärungsmodell jedoch hat die moderne Gesellschaft zugleich ihre allgemein verbindlichen Bezugspunkte verloren. Seit der Aufklärung kann sich der Mensch nicht mehr auf eine über alle Zweifel erhabene, göttliche Offenbarung verlassen, die sämtliche Fragen des menschlichen Daseins verbindlich beantwortet und damit eine Diskussion unnötig erscheinen lässt. Stattdessen muss jeder Mensch nun selbst Antworten auf die ihn bedrängenden Fragen, auch die nach dem Sinn und den Grenzen des Lebens, suchen, und wenn er nach dem Verlust Gottes nach einem unhinterfragbaren, eindeutigen und sicheren Punkt sucht, von dem aus er in seiner Erkenntnis nicht nur auf einem wahrscheinlichen, sondern einem objektiv abgesicherten Fundament fortschreiten kann, bleibt ihm schließlich als letzte Gewissheit nur *er selbst*, vielmehr: die Tatsache, dass er selbst *ist*.

Diesen Weg des Zweifels an allem, was zuvor als selbstverständlich angesehen worden war, beschritt schon lange vor der Aufklärung der französische Philosoph René Descartes (1596–1650), und als er sich bemühte, die Frage zu beantworten, woher denn diese Gewissheit stammt, dass wenigstens *der Mensch selbst* existiere, wo doch alles sinnlich Erfahrbare und alles Denkbare theoretisch das Ergebnis einer der menschlichen Einbildung entsprungenen Täuschung sein kann, formulierte er als wirklich letzte und einzige Gewissheit unter allen Wahrscheinlichkeiten die Tatsache, *dass er denkt*. Und so kam er zu seinem ersten Grundsatz der Philosophie, mit dem gewissermaßen das Ende des Zeitalters des dogmatisierten Glaubens und der Beginn des kritischen Denkens eingeläutet wurde: *cogito ergo sum* – „ich denke, also bin ich".

Auch wenn Descartes selbst diese Formulierung so nie gebraucht hat,[6] wurde sie zu einem der berühmtesten und folgenreichsten Sätze der gesamten, abendländischen Geistesgeschichte, nicht zuletzt, da er auch in der Radikalität seines Denkens nicht überbietbar ist. Er zeigt einerseits, dass der moderne Mensch nicht mehr auf die Bestätigung seiner Erkenntnisse von einer als objektiv geltenden Instanz hoffen kann, zugleich aber auch, dass es für den modernen Menschen buchstäblich nichts außer der Tatsache seines eigenen Denkens gibt, das unbezweifelbar ist. Wahr und gewiss ist demnach allein, *dass ich, wenn ich denke, denke*, und allein und nur aus diesem Grund kann ich mir sicher sein, dass *ich bin*. Selbst die Vorstellung eines Gottes und einer göttlichen Offenbarung ist damit der Möglichkeit des Irrtums unterworfen.

Für den Menschen, der diesen Gedankengang vollzogen und für sich selbst als richtig erkannt hat, bedeutet er in seiner letzten Konsequenz, dass es für ihn keine unbezweifelbare Wahrheit mehr gibt außer der Tatsache, dass er selbst existiert. Alles andere, selbst die Farbe seiner eigenen Augen, die er nur über seine Sinne wahrnehmen kann, ist möglicherweise ein Irrtum.

Mit dieser Erkenntnis steht die moderne Gesellschaft geistig auf einem vollkommen anderen Fundament, als es im Mittelalter und noch in der Neuzeit* der Fall war; daher ihre wahrhaft epochale Bedeutung. Die alles entscheidende Instanz liegt nun nicht mehr außerhalb des Individuums und sie tritt auch nicht mehr als Spenderin schlechthin unhinterfragbarer Wahrheiten auf. Stattdessen ist nun das Individuum selbst diese Instanz. Der Mensch als subjektiv denkendes Einzelwesen kann sich zwar Hilfe bei der Beantwortung der existentiellen Fragen holen. Aber schon bei der Wahl dieser Hilfe handelt es sich um eine gänzlich eigene und damit potentiell irrige Entscheidung, die niemand dem Individuum abnimmt.

Die Epochenschwelle zwischen Neuzeit und Moderne ist also deswegen so hoch, weil sie das Selbstverständnis des Menschen in seiner Gesamtheit in Frage stellt, weil die Frage „wer bin ich?" oder „wer sind wir?" von nun an von jedem einzelnen Menschen eigenverantwortlich und immer wieder aufs Neue beantwortet werden muss und es niemanden mehr gibt, der die Richtigkeit der Antwort verbindlich bestätigen kann.

Einst hatte sich der Mensch als Teil einer Welt gesehen, in der Gott „alles nach Maß, Zahl und Gewicht geordnet",[7] in dem also alles seinen Platz und seinen Sinn hatte, und sich selbst als Geschöpf dieses Gottes, als Teil der von ihm geschaffenen Ordnung und eines Plans, innerhalb dessen er eine ihm vorbestimmte Rolle spielte; am Ende des Wegs hatte ein Ziel gestanden, im optimalen Fall das der ‚Erlösung' und ewigen Seligkeit, suboptimal das des Erleidens von unvorstellbaren Qualen im Fegefeuer oder in der Hölle.

Nun jedoch, nach dem Beginn der Moderne, blieb ihm nichts weiter als Descartes' *cogito ergo sum*, die Gewissheit also, *dass* er ist, ohne jedoch eine verlässliche Antwort auf die Frage zu erhalten, *was* er ist und *warum*, und was mit ihm geschehen wird, wenn er einmal nicht mehr sein wird. Nun gibt es keine sichere, von außen beglaubigte Aussage mehr, auf die der Mensch seine individuellen Entscheidungen gründen könnte, außer Ratschlägen, Empfehlungen – Anschauungen. Und auch ‚Glaube‘, um noch einmal darauf zurückzukommen, ist in der Moderne nicht mehr Kenntnis der durch göttliche Botschaft offenbarten, objektiv gültigen Wahrheit, sondern, wie es Bernhard von Clairvaux seinem Gegner Abaelard in den Mund gelegt hatte, „eine Meinung", in der es „gewissermaßen jedem freisteh[t], zu denken und zu sagen, was ihm beliebt".[8]

Aus Welterklärung wird Weltanschauung: die Antworten der Kunst

Entsprechend kann auch die Kunst in der Moderne keine Gewissheiten mehr vermitteln. Wo die Gesellschaft keine Antworten gibt, kann auch die Kunst keine formulieren.

So lange die Kunst im Dienst der allmächtigen und als allwissend akzeptierten Kirche oder anderer Auftraggeber gestanden hatte, waren es zumeist genau vorformulierte Botschaften gewesen, die zu vermitteln ihre für selbstverständlich gehaltene Aufgabe war. Seit sie aber an der Wende vom 18. zum 19. Jahrhundert aus diesem Arbeits- und Abhängigkeitsverhältnis herausgetreten ist, gibt es auch für sie keine letztgültigen Wahrheiten mehr, in deren Dienst sie sich stellen könnte. Seither kann es nicht mehr um Erklärung, sondern nurmehr um Anschauung gehen: aus Welt-erklärung wird Welt-anschauung (im mehrfachen Wortsinn). Von nun an zählt die subjektive Erkenntnis jedes einzelnen Individuums, um die es von der Wiege bis zur Bahre ringen muss.

Statt also *Antworten* geben zu wollen, verlegt sich die moderne Kunst darauf, Hilfsmittel zum *Fragen* zu werden. So tat es explizit beispielsweise Paul Gauguin (1848–1903), als er 1897/98 in der Südsee sein Bild *Woher kommen wir? Was sind wir? Wohin gehen wir?* malte und damit auf künstlerische Weise die klassischen Fragen der Philosophie stellte, ohne sie allerdings anders als durch

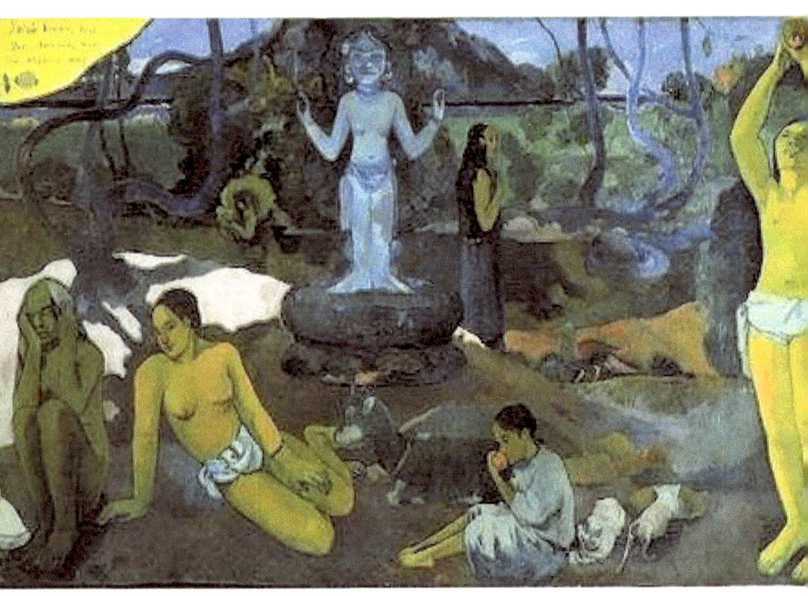

Paul Gauguin, Woher kommen wir? Was sind wir? Wohin gehen wir? (Ausschnitt), 1897/98; Boston, Museum of Fine Arts

An-Schauung zu bearbeiten; auf diese Weise aber hielt er sie absichtlich offen.

Die Formen, derer sich die im 19. Jahrhundert neu geschaffene, moderne Kunst bedient, wirken auf den Betrachter nun nicht mehr im Sinn eines Kryptogramms*, das, sobald es entschlüsselt ist, eine konkrete Aussage ,in Klartext' macht. Stattdessen wirken sie affektiv und suggestiv, letztlich also diffus. Sie aktivieren Fantasie und Erinnerungsvermögen des Betrachters und regen dazu an, assoziativ Bezüge herzustellen und intuitiv nach Bedeutung zu suchen. Sie sind nicht eindeutig, sondern offen, zwingen dem Betrachter nichts auf, laden ihn vielmehr dazu ein, das Angebot, welches das Kunstwerk macht, in seinem je eigenen Sinn zu nutzen. In Bezug auf den erwähnten, mit Requisiten ausgestatteten, aber unbespielten Bühnenraum, mit dem man das moderne, programmatisch offene Kunstwerk vergleichen kann, ergibt sich ein Sinn oder eine Bedeutung entsprechend *erst im Verlauf der Betrachtung* – und das heißt in seiner letzten Konsequenz, dass bei jedem Teilnehmer und jeder Aufführung unter Nutzung des gleichen Bühnenraums (d.h. ein und desselben Kunstwerks) die Bedeutung immer eine andere sein wird.

Jeder Betrachter bringt also im Vollzug der Betrachtung eines modernen Kunstwerks auf der Grundlage der Leerstellen, die der Künstler ihm anbietet, eine Bedeutung des Kunstwerks erst hervor, so wie sich der Theaterwissenschaft zufolge jeder Zuschauer einer Theateraufführung seine eigene Aufführung bzw. die Bedeutung der Aufführung selbst erschafft.[9]

Ein Bild wie Gauguins *Woher kommen wir? Was sind wir? Wohin gehen wir?* hat also nicht eine vom Künstler festgelegte, unabänderliche Bedeutung, die es dem Betrachter nur mitteilen will und die dieser entsprechend

‚richtig' oder ‚falsch' verstehen kann. Das Bild ist vielmehr der mit Requisiten gestaltete Bühnenraum, der vom Betrachter genutzt, d.h. aktiv bespielt werden muss, um Bedeutung, die allerdings nur für ihn selbst Gültigkeit beanspruchen kann, während der Betrachtung erst zu erzeugen.

Die Offenheit des Kunstwerks, die sich in diesem Angebot äußert, ist eines der konstitutiven Merkmale moderner Kunst. Das gilt selbst dort, wo Bestandteile einer einst christlichen Ikonographie* verwendet, aber ihrer kryptogrammatischen Bedeutung entkleidet werden, wie es in vielen Bildern Caspar David Friedrichs (1774–1840) geschieht, eines Malers, der genau an dieser Schwelle zur Moderne steht und deren neue Möglichkeiten in geradezu paradigmatischer Weise nutzt. So ist der so genannte Tetschener Altar (*Abbildung gegenüberliegende Seite*) zwar tatsächlich als Altarbild für die Hauskapelle in Schloss Tetschen (Děčín, Tschechische Republik) entstanden und würde von daher ein Bild im Dienst der christlichen Verkündigung erwarten lassen, doch nimmt er Friedrichs frühere Beschäftigung mit Kreuzen in der Natur wieder auf, die absichtlich über eine christlich-theologische Deutung hinausgeht. Friedrich wandelt hier den in der Wirklichkeit erfahrbaren Natureindruck eines einsam stehenden Kreuzes bei Sonnenauf- oder -untergang in ein vordergründig religiöses Bild um, das dem Gedanken der Transzendenz verpflichtet ist. Doch muss es sich dabei nicht um Transzendenz im christlich-dogmatischen Sinn handeln: Das Bild wirkt auf suggestive Weise auch auf einen Betrachter, der sich einer christlichen Religiosität nicht verbunden fühlt. Es vermittelt nicht, wie bei Altarbildern bis zu diesem Zeitpunkt üblich, das theologische Konzept der Erlösung des gläubigen Christen durch das

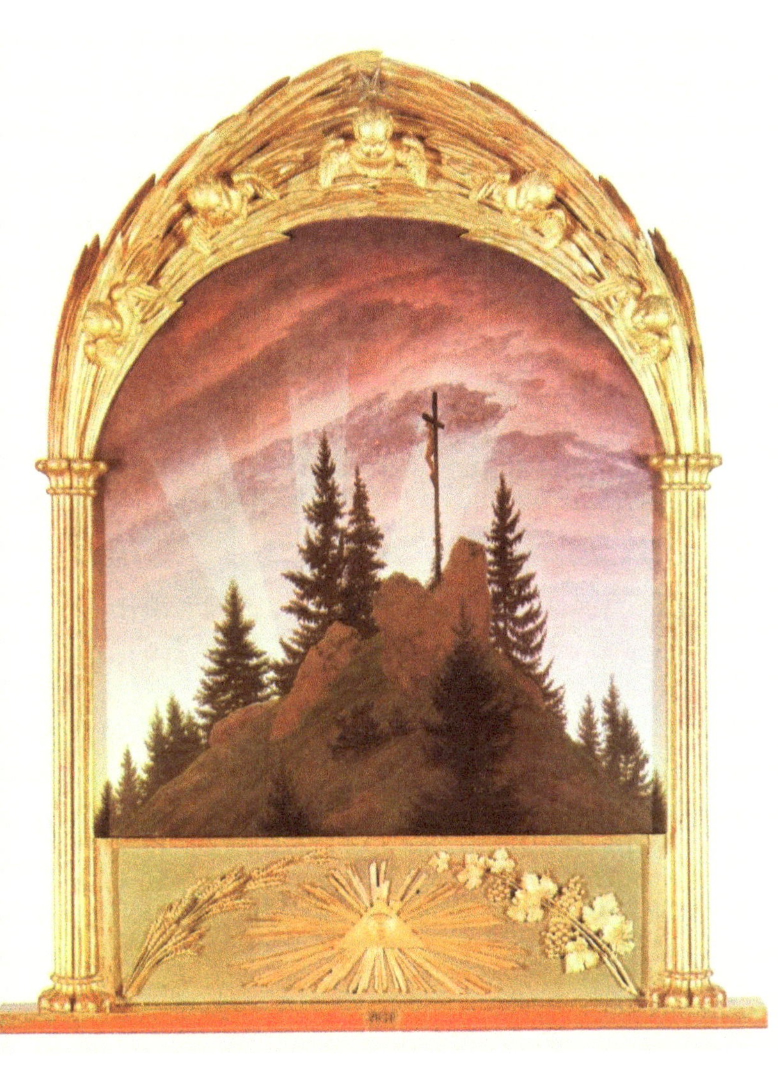

*Caspar David Friedrich, Das Kreuz im Gebirge
(Tetschener Altar), 1807/08;
Dresden, Gemäldegalerie Neue Meister*

Leid Christi am Kreuz, sondern ein Erlebnis bzw. die Erinnerung an ein Erlebnis, einen Eindruck von Natur, der zu diesem Zeitpunkt im fortgeschrittenen 18. und noch am Beginn des 19. Jahrhunderts mit dem Begriff des ‚Erhabenen' beschrieben wurde.[10]

Ein Bild wie das *Kreuz im Gebirge* wird auf diese Weise wie die erwähnte Bühne zum Ausgangspunkt für die individuellen Assoziationen jedes einzelnen Betrachters. Dieser findet im Bild nicht etwa eine verschlüsselte Botschaft vor, sondern den Impuls für ein Erlebnis, das wesentlich durch die eigenen Erfahrungen geprägt wird. Er kann, er darf, ja: er *soll* sogar das Bild dazu nutzen, sich zu eigener, frei assoziierender Tätigkeit inspirieren zu lassen. Ob er das auch tut, ist ihm letztlich selbst überlassen. Das Bild ist nichts weiter als ein Angebot für die Imagination, eine Einladung, sich, von der Anschauung ausgehend, dem Weg der eigenen Erinnerungen und Gedanken zu überlassen. „Es ist in dein Belieben gestellt", so schrieb John Ruskin bereits 1843, ob du dieses Angebot nutzt.[11]

Kryptotechnik* *versus* Imagination

Es ist nur logisch, dass Bilder, die in dieser Weise funktionieren sollen, anders aussehen müssen als jene, die vor allem sehr konkrete Botschaften übermitteln wollen. Während diese im wahren Wortsinn *Medien*, also Mittel der Übertragung von Informationen waren und auch ihr künstlerischer Anteil im Dienst dieser Aufgabe gestanden hat, entsteht in der Moderne ein ganz neues Verständnis von Kunst, dessen zentraler Bestandteil es ist, die Kunst aus der Funktion der Dienerin herauszulösen, sie also von der Aufgabe der Übersetzerin zu befreien und ihren Wert nun zunehmend in ihr selbst zu suchen. Der Gipfelpunkt dieser Entwicklung scheint erreicht, als die Kunst sich – übrigens bereits um 1836[12] – unter das Banner der *l'art pour l'art*-Bewegung stellt. Sie betritt gewissermaßen das Feld der Freiheit, das sie seither nachhaltig verteidigt, selbst wenn diese neue Freiheit für sie auch eine dramatische Kehrseite hat, die Tatsache nämlich, dass ein Künstler von nun an selbstständiger Unternehmer ohne wirtschaftliche Absicherung ist und zudem für einen freien, vom Publikumsgeschmack abhängigen, höchst wankelmütigen Markt produziert.

Jene Bände innerhalb der Reihe „**ein**blicke – Kunstgeschichte in Einzelwerken", die sich mit Kunstwerken des Mittelalters oder der frühen Neuzeit beschäftigen (Bd. 1, 3, 5), haben sich gewissermaßen mit dem Vorgang der Dechiffrierung, mit der Frage: Wie kann ich ein Kunstwerk ‚lesen' und es den Intentionen des Auftraggebers entsprechend verstehen, beschäftigt. Dafür wurde das *Vierstufenmodell der Beschreibung und Deutung von Werken der bildenden Kunst* entwickelt, das die systematische Entschlüsselung der von Auftraggeber und Künstler beabsichtigten Botschaft eines Bilds unter bewusster Verwendung der vom Künstler im Bild angebrachten Hinweise ermöglicht.

Selbst für dieses Deutungsmodell gilt bereits die Kritik des Kunsthistorikers und Philosophen Gottfried Boehm (* 1942), dass ein solchermaßen strukturiertes, diszipliniertes und damit domestiziertes Vorgehen angesichts eines Kunstwerks, das sich nicht zuletzt durch die sinnlichen Aspekte seiner Erscheinung auszeichnet, eigentlich nicht vollständig angemessen sein kann – jedenfalls wird es das Kunstwerk nicht in *allen* Dimensionen seiner Erscheinung erfassen können.[13] Das gilt jedoch umso mehr, wenn wir uns in den Bereich der modernen Kunst begeben, in dem an die Stelle des Kryptogramms – der zu entschlüsselnden Botschaft – eine Leerstelle, ein offener Raum, die Einladung zur intuitiven, kreativen Hervorbringung individueller Bedeutung tritt. Der Umgang mit Kunstwerken muss unter diesen Voraussetzungen ein anderer sein, als es derjenige vor der beschriebenen Schwelle zur Moderne war.

Verselbstständigung der künstlerischen Mittel

Ein wesentliches Merkmal der modernen gegenüber der vormodernen Kunst ist in diesem Zusammenhang die Verselbstständigung der künstlerischen Mittel, also solcher Mittel wie der Farbe, des Pinselstrichs, der Perspektive, der Lichtführung, der Betrachteransprache etc., die der Künstler verwendet, um besondere Wirkungen hervorzurufen und den Blick des Betrachters zu lenken. Gewiss waren diese auch in der älteren Kunst bereits genutzt worden. Schon lange vor der Moderne haben sie sich zur eigentlichen ‚Sprache' des Künstlers entwickelt. Doch spätestens seit dem frühen 19. Jahrhundert wird ihnen immer stärker ein eigener Wert zugemessen, der weit über die illusionistische Nachahmung der sichtbaren Wirklichkeit hinausgeht. Auch sie treten nun aus ihrer dienenden Funktion heraus, Künstler wie Publikum entdecken ihren eigenen, ästhetischen Reiz.

Gut zu beobachten ist dies angesichts eines Irrtums. Im Louvre wird ein Bild des französischen Malers Camille Corot (1796–1875) ausgestellt, das uns heute durch seine Unmittelbarkeit fasziniert (*Abbildung gegenüberliegende Seite, oben*). Es wird mithilfe eines breiten, neobarocken Goldrahmens zu einem vollendeten Kunstwerk erklärt (auch auf dem Schild neben dem Bild steht nichts Gegenteiliges) und hängt entsprechend an einer Wand mit einer

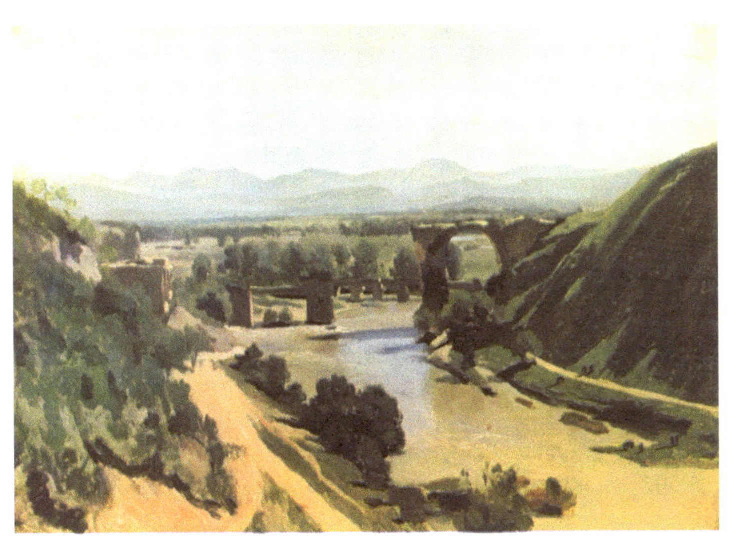

Camille Corot, Die Brücke von Narni (Ölskizze), 1826(?);
Paris, Louvre

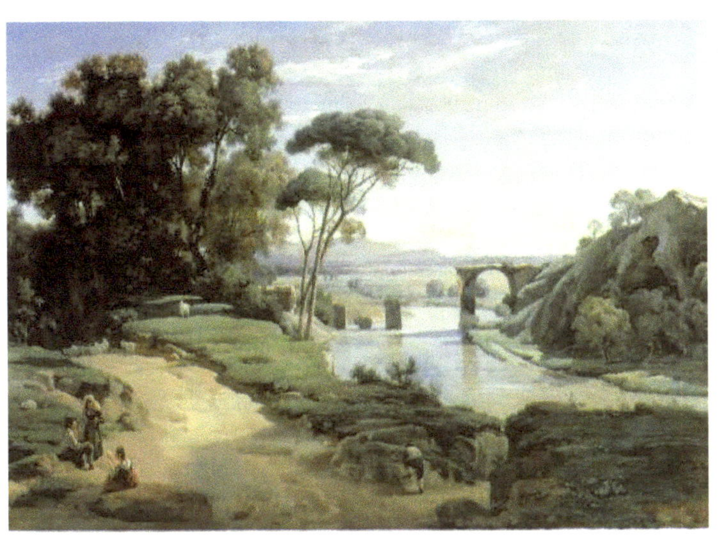

Camille Corot, Die Brücke von Narni, 1826/27; Paris, Louvre

Reihe anderer, ähnlich gerahmter Werke Corots, die auf diese Weise ebenfalls alle als vollendete, mit Bedeutung aufgeladene Kunstwerke gelten müssen.

Allerdings handelt es sich bei dem Bild eigentlich um eine Studie, um eine Art Notiz, die sich der Künstler wahrscheinlich vor Ort gemacht hat,[14] um mit ihrer Hilfe, wie es zu jener Zeit üblich war, im Atelier ein ‚richtiges‘ Kunstwerk schaffen zu können, das seinen Vorstellungen und v.a. den Vorstellungen der maßgeblichen École des Beaux-Arts und des unter deren Einfluss stehenden Publikums entsprach. Auch *dieses* Kunstwerk hat sich erhalten und hängt im Louvre nicht weit von der Skizze entfernt an derselben Wand, in ganz ähnlicher Weise gerahmt wie die Skizze und ebensowenig kommentiert (*Abbildung vorherige Seite, unten*).

Das Verhalten der Besucher vor den Bildern zeigt, dass sie sich von der Skizze ungleich mehr angesprochen fühlen als von dem ausgearbeiteten Gemälde. Tatsächlich wirken solche in der freien Natur angefertigten Ölskizzen wesentlich ‚moderner‘, als es die ausgearbeiteten Gemälde tun, und wer sich das Datum der Entstehung der Skizze vergegenwärtigt – wahrscheinlich 1826 –, der staunt unweigerlich über die augenscheinliche Fortschrittlichkeit der künstlerischen Mittel, derer Corot sich hier bedient. Diese Mittel „verleihen dem Werk eine Modernität, die charakteristisch ist für die vor Ort entstandenen Studien dieser Zeit“.[15]

Dabei hätte Corot selbst es angesichts der zu seiner Zeit geltenden Regeln für die Beurteilung von Kunst vermutlich gänzlich anders erwartet. Er hätte die Skizze nicht ausgestellt![16] Für ihn war sie, wie gesagt, nur eine visuelle Notiz, ein Hilfsmittel für die Erinnerung, ein ‚Memorandum‘, wie William Turner eine solche Skizze bezeichnete.[17] Das ‚fertige‘ Bild dagegen, in dem er das nach der zeitgenössischen Vorstellung eigentlich Malerische der Landschaft erst wirklich herauszuarbeiten gesucht hatte, stellte Corot 1827 im *Salon* in Paris aus.

Für die Betrachter des 20. und 21. Jahrhunderts allerdings sind es gerade jene künstlerischen Mittel, die bei Corot noch *keinen* eigenständigen Wert erlangt hatten, welche den Reiz der Skizze ausmachen. Anders als der zeitgenössische schätzt der postmoderne Betrachter das Unfertige, Spontane, Nicht-Geglättete der Skizze, die die Authentizität des Eindrucks suggerieren, während das nach den traditionellen Regeln der École des Beaux-Arts komponierte, sorgfältig ausgeführte Gemälde für unseren Geschmack zu schematisch, zu überlegt, zu ‚glatt‘ wirkt. Was uns von Corot trennt, ist der Drang zur Idealisierung, die aus der spontanen, lebendigen Skizze ein in unseren Augen seines Lebens beraubtes Kunstwerk machte, oder anders gesagt: was wir an der Skizze als ‚modern‘ schätzen, war für seine Zeit ein Mangel an künstlerischer Durchgestaltung; wir schätzen den Eigenwert, die Spontaneität und die Wahrhaftigkeit des Ausdrucks, wofür die Verselbstständigung der künstlerischen Mittel von größter Bedeutung war. Für Corot jedoch waren diese noch Instrumente, Mittel zum Zweck und damit abhängig von der Funktion, die sie im Dienst der Mimesis* und – noch mehr – der Idealisierung hatten. In diesem Sinn war Corot also gewissermaßen moderner, als es ihm selbst bewusst war.

Eine Leerstelle deuten

Wenn wir die epochalen Veränderungen innerhalb der europäischen Gesellschaft und der Kunst der Zeit um 1900 bedenken, so ist kaum zu übersehen, dass wir die Kunstwerke, die nach der Wende zum 19. Jahrhundert und damit in jener Zeit entstanden sind, die wir die Moderne nennen, *anders* betrachten und deuten müssen als die Kunst der voraufgehenden Zeit. Eine Leerstelle kann man nicht *deuten*. Man kann sie *nutzen*, aber nach einer vom Künstler genau festgelegten Bedeutung zu suchen, muss notwendigerweise vergebens sein.

Für die Analyse aber bedeutet dies: Wenn jeder einzelne Betrachter im Vollzug der Betrachtung eine Bedeutung des Kunstwerks erst hervorbringt, die aufgrund seiner individuellen Assoziationen allein für ihn selbst Gültigkeit besitzt, dann macht es keinen Sinn, nach einer übergeordneten Deutung zu suchen, jedenfalls nicht im Sinn einer allein gültigen Interpretation.

Unser Ansatz kann und sollte also ein anderer sein.

Nun sind wir am Beginn des 19. Jahrhunderts noch nicht im Zeitalter der *Happenings* und *Performances*. *Land art*, *Concept art* oder auch die noch jüngeren, postmodernen Kunstformen sind häufig solche, in die der Betrachter im wahren Wortsinn eintreten oder eintauchen, bei denen er aktiv etwas tun muss, damit das Kunstwerk für ihn erlebbar wird oder sogar überhaupt erst entsteht.

Im frühen 19. Jahrhundert begegnen wir in dieser Hinsicht noch einer Mischform der Kunst:

❖ Einerseits sind die maßgeblichen Kunstwerke dieser Umbruchszeit keine Medien mehr, die chiffrierte Botschaften übermitteln wollen, sondern Leerstellen, die darauf abzielen, auf individuelle Weise genutzt zu werden;

❖ andererseits bestehen sie noch aus Werken der klassischen Gattungen der Malerei, der Skulptur, der Druckgraphik oder der Architektur. Eine neue Gattung, die sich gerade in dieser Zeit von einem dienenden Hilfsmittel zu einer Kunstform entwickelt, ist die der Zeichnung; wenig später tritt die der (Kunst-) Fotographie hinzu.

❖ Außerdem arbeiteten die Künstler nicht selten noch für Auftraggeber; der Markt war nicht auf einen Schlag vollkommen frei, alte Strukturen erhielten sich für eine längere Zeit neben den neuen. – Auch William Turner begann seine Karriere, indem er Aufträge erhielt, meist im Bereich von Architektur- und Landschaftsmalerei.

In der Kunst des frühen 19. Jahrhunderts haben wir also durchaus (noch) konkrete ‚Monumente' vor uns, die konzipiert und angefertigt wurden, ohne dass der Betrachter bereits unmittelbar beteiligt gewesen wäre. Es sind Werke, die noch mit einer gewissen Aussageabsicht entstanden sind, und wenn diese nur darin besteht, den Betrachter von einem bestimmten Punkt aus in Bewegung zu setzen. Die Frage nach dieser Absicht, die hinter dem Kunstwerk steht, bleibt noch immer sinnvoll. Und das gilt im Übrigen auch weiterhin, bis ins 20. und frühe 21. Jahrhundert hinein. Wir können immer die Frage stellen, *warum* ein Kunstwerk so aussieht, wie es aussieht, welche Intention hinter der Wahl der jeweiligen Form des Kunstwerks steht – und wenn wir auf diese Frage lediglich erfahren, dass der Künstler den Betrachter in irgendeiner Weise animieren oder inspirieren will.

Ob der Rezipient dieser Aufforderung nachkommt und was für ihn in der Folge aus dem Kunstwerk wird, steht auf einem anderen Blatt; dieses allerdings kann tatsächlich nicht mehr Teil unserer Analyse sein.

WILLIAM TURNER: „REGEN, DAMPF UND GESCHWINDIGKEIT"

Der britische Maler Joseph Mallord William Turner, geboren 1775, gestorben 1851, war nur ein Jahr jünger als sein deutscher Kollege Caspar David Friedrich (1774–1840) und lebte wie dieser genau in jener Zeit, in der sich die Moderne aus der Neuzeit herauszuheben begann. Auch und gerade für seine Bilder gilt, was gerade gesagt wurde: Zu einem großen Teil sind es Werke der klassischen Gattung der Malerei, aber es sind zugleich in einem so hohen Grad Leerstellen, dass es angesichts der Frühzeit ihrer Entstehung überrascht. Turner bedient sich zwar der Möglichkeiten der Malerei, aber es macht wenig Sinn, nach konkreten ‚Zeichen' zu suchen, die wir – wie wir es bei der Analyse eines vormodernen Kunstwerks tun würden – als Hinweise auf konkrete Aussagen verstehen können. Entsprechend soll Turner einmal gesagt haben:

> „Ich habe es [*Schneesturm*, 1842; *Abb. 5*] nicht gemalt, damit es verstanden würde, sondern weil ich zeigen wollte, wie solch ein Schauspiel aussieht."[18]

Andererseits hat er sich bei der Transformation seiner Motive in künstlerische Formen durchaus etwas *gedacht*. Seine Bilder sind nicht willkürlich und aus spontaner Intuition heraus gewissermaßen eruptiv entstanden, sondern folgen Mustern, hinter denen reflektierte Absichten stehen. Wenn dies aber so ist, dann können wir, auch wenn wir die Bilder nicht allgemein- und endgültig werden ‚deuten' können, zumindest danach fragen, welche Absichten dies gewesen sein mögen, warum die Bilder also so aussehen, wie sie aussehen. Zumal Turner Änderungen gegenüber der ‚Wirklichkeit' vorgenommen hat,

die vom fachkundigen, zeitgenössischen Publikum auch
entdeckt, aber nicht selten als augenscheinliche ‚Fehler‘
des Malers gebrandmarkt wurden. Dabei waren sie mit
Sicherheit keine ‚Fehler‘, sondern bewusst vorgenomme-
ne Veränderungen, die einem ganz bestimmten, künstlerischen Zweck dienten.

Turner zählt zu jenen herausragenden Künstlern innerhalb der abendländischen Kunstgeschichte, die auf den
ersten Blick nicht in ihre Zeit passen. Ein Bild wie *Regen,
Dampf und Geschwindigkeit (Abb. 1 [Frontispiz], 2 u. 3)* würden
wir, wenn wir es noch nicht kennen würden, seinem Erscheinungsbild nach spontan eher in die Zeit des Impres-
sionismus, also ins fortgeschrittene 19. Jahrhundert, datieren als an den Beginn oder kurz vor die Mitte des Jahrhunderts. Tatsächlich ist es bereits um den Jahreswechsel
1843/44 entstanden.

Vielleicht das Überraschendste an diesem Umstand ist
die Tatsache, dass Turner nicht etwa, wie es vielen Genies
erging, in seiner Zeit gänzlich unverstanden blieb, entsprechend kritisiert wurde und Zeit seines Lebens erfolg-
los arbeitete. Turners Talent war schon früh erkannt und
bereits vom Vater gefördert worden. Mit nur 14 Jahren
trat er als Proband in die Royal Academy of Arts ein, mit
24 wurde er assoziiertes und mit 27 Jahren Vollmitglied;
fünf Jahre später betraute man ihn dort mit dem Amt des
Professors für Perspektivlehre, was er über 35 Jahre hinweg blieb.[19]

Und auch künstlerisch erlitt Turner nicht das Schick-
sal vieler seiner fortschrittlichen Kollegen, die in den
staatlichen Institutionen und von der Öffentlichkeit ver-
lacht wurden und deren – auch wirtschaftlicher – Erfolg
sich erst nach ihrem Tod einstellte. Turner war ein erfolg-
reicher Geschäftsmann, und als er am 19. Dezember

1851 starb, konnte er es sich leisten, der National Gallery 300 Ölgemälde und fast 20 000 Aquarelle und Zeichnungen zu vermachen mit der Auflage, dafür eine eigene Galerie zu errichten. Außerdem konnte er bestimmen, dass zwei seiner Gemälde in der noch ganz jungen National Gallery jeweils neben einem Werk des legendären Claude Lorrain (1600–1683) hängen sollten. Ja, Turner war sogar „davon überzeugt, dass seine Gemälde denen von Claude ebenbürtig, wenn nicht sogar überlegen seien."[20] Und zumindest ein Teil seiner Zeitgenossen scheint dieser Einschätzung gefolgt zu sein.

Das Gemälde 1: Erste Betrachtung

Das Bild *Regen, Dampf und Geschwindigkeit* befindet sich seit 1865 in der National Gallery in London. Sein vollständiger Titel lautet: „Regen, Dampf und Geschwindigkeit. Die *Great Western Railway*."

Mit seinen Abmessungen von 91 x 121,8 Zentimetern ist das Werk nicht auffallend groß – die Maße entsprechen einem Standardformat, das Turner zu dieser Zeit schon lange verwendete. Es gab Variationen; so wählte Turner in seiner Spätzeit auch quadratische, runde oder achteckige Formate, doch blieb das für *Regen, Dampf und Geschwindigkeit* verwendete auch jetzt noch das gängigste.

Das in Ölfarben auf Leinwand gemalte Bild zeigt unter anderem einen Zug, der inmitten einer nur in wenigen Details erkennbaren Landschaft aus der Mitte des Bilds heraus über ein Viadukt auf die untere, rechte Ecke des Bilds zufährt. Der Betrachter steht leicht erhöht und schaut über einen Fluss hinweg und zu seiner Rechten auf das Viadukt mit der Lokomotive, von der nur der vordere Teil des Kessels und der schlanke, hohe Schornstein gut erkennbar sind. Am linken Bildrand taucht eine zweite Brücke mit mehreren Bögen schemenhaft aus Dunst oder Nebel auf, die etwa im rechten Winkel zur ersten Brücke über den Fluss verläuft.

Eisenbahn-Manie

Die Landschaft zeigt einen Ausschnitt des oberen Themse-Tals. Bei der Eisenbahnbrücke im Vordergrund handelt es sich um die *Maidenhead-Bridge*, eine von dem bekannten, vielbeschäftigten, britischen Ingenieur Isambard Kingdom Brunel (1806–1859) errichtete Brücke über die Themse in Maidenhead, Berkshire, etwa 40 Kilometer westlich von London. Die andere ist „die alte Brücke, errichtet nach den Plänen von Sir Robert Taylor", wie es in einem Buch über die *Great Western Railway* hieß, das bereits im Jahr 1846 erschienen ist.[21] Diesem Führer zufolge war auch die Maidenhead-Bridge schon zu diesem Zeitpunkt berühmt, ja „gefeiert".

Der große Turner-Kenner John Gage (1938–2012) nennt die Zeit, in der sowohl die Brücke als auch das Bild entstanden, die Zeit der *„Railway Mania"*, der großen Eisenbahn-Manie, die England seit etwa einem Jahrzehnt ergriffen hatte und nun „eingetreten war in seine finale und leidenschaftlichste Phase."[22] Die Bevölkerung nahm in dieser Zeit am sich entwickelnden Eisenbahnbetrieb derartigen Anteil, dass sich 1836 der Klerus beschwerte, die einfachen Leute blieben sonntags der Kirche fern, „um die vorbeifahrenden Züge anzusehen."[23] Tatsächlich fuhren Menschen zu dieser Zeit zum reinen Vergnügen mit der Eisenbahn: Die Fahrt wurde eine beliebte Form von Freizeitvergnügen, für das die Eisenbahngesellschaft extra *excursion tickets* ausgab. Ob dies allerdings auch dem gewissermaßen professionellen, „eingefleischten Reisenden" William Turner gefiel, bezweifelt Gage.

Die Eisenbahnlinie zwischen London-Paddington und Bristol, die über die *Maidenhead-Bridge* führte, wurde erst 1841 in ihrer vollen Länge eröffnet. Die Züge bestanden aus einer Lokomotive des Typs *Firefly* und zunächst noch offenen Wagen ohne Dächer und Sitze für die Passagiere, die sämtlich dritter Klasse reisten. Als am 24. Dezember 1841 ein Zug kurz vor Maidenhead entgleiste, kamen acht Reisende ums Leben, 17 wurden verletzt. Die Entstehung und Ausstellung des Gemäldes fiel zeitlich zusammen mit dem Erlass neuer Gesetze für die Eisenbahn, die die Bedingungen für die Passagiere der dritten Klasse merklich verbessern sollten und die nicht zuletzt auf die Tragödie vom 24.12.1841 reagierten.[24]

Es ist davon auszugehen, dass die Betrachter des Bilds diese Ereignisse während der Akademie-Ausstellung im Frühjahr 1844 lebhaft im Gedächtnis hatten.

Das Gemälde 2: Gegenständlichkeit

Kompositorisch ist das Bild durch einen verschwimmenden Horizont in die obere und die untere Hälfte geteilt, wobei in der unteren Hälfte eine breite Mittelachse auch eine Teilung in eine rechte und eine linke Bildhälfte andeutet.

Rechte Bildhälfte

Der Blick auf das Bild wird sofort angezogen vom klar konturierten, tiefschwarzen Schornstein der Dampflokomotive, die sich über das gegen den Bildmittelpunkt zufluchtende Viadukt nach rechts vorn aus dem Bild heraus zu bewegen scheint. Der Zug, der von dieser Lokomotive gezogen wird, ist nicht klar erkennbar. Bei sehr genauem Hinsehen (*Abb. 2*) wird jedoch deutlich, dass er aus einer Reihe von verhältnismäßig kleinen, offenen

Wagen besteht, von denen im Bild nur einige geradezu kindlich gezeichnete, zum Teil in die Farbe hineingeritzte Räder sichtbar werden. Unmittelbar hinter und unter dem Schornstein verliert die Darstellung bereits so sehr an Schärfe, dass keine Details mehr erkennbar sind.

Bereits an dieser Stelle ist es sinnvoll, unsere Sehgewohnheiten und Erwartungen an das Bild zu überprüfen. Denn erfahrungsgemäß verleiten diese dazu, beispielsweise die Dimensionen von Lokomotive und Zug falsch einzuschätzen. Tatsächlich hilft Turner hier so gut wie gar nicht; er gibt keine verlässlichen Bezugspunkte zur Bestimmung der Größenverhältnisse; andererseits dürften die Einzelheiten, die der Betrachter im 21. Jahrhundert mühsam rekonstruieren muss, für Turner und den zeitgenössischen Betrachter selbstverständlich gewesen sein, so dass sie keiner genaueren Ausführung oder Erläuterung bedurften.

Die Fahrzeuge der Eisenbahn waren in dieser Frühzeit ihrer Geschichte sehr viel kleiner, als wir sie aufgrund der späteren Entwicklung der Eisenbahn gewöhnlich vor Augen haben. Die Abbildung auf der nächsten Seite zeigt den Nachbau einer Lokomotive jenes Typs, der seit 1840 von der *Great Western Railway* auf der Strecke zwischen London und Bristol eingesetzt wurde.

Der Lokomotiv-Führer stand noch ungeschützt im Freien. Das Geländer neben dem Kessel gibt einen Anhaltspunkt für die Größeneinschätzung. Tatsächlich war die Lokomotive so klein, dass der Lokomotivführer bequem über den Dampfkessel hinweg sehen konnte.

Dieser Kessel war, wie an der Rekonstruktion gut zu erkennen ist, nur an seinem vorderen Ende aus Eisen. Berichten zufolge begann er bei Höchstfahrt weiß zu glühen, was vielleicht eine Erklärung für die irritierende

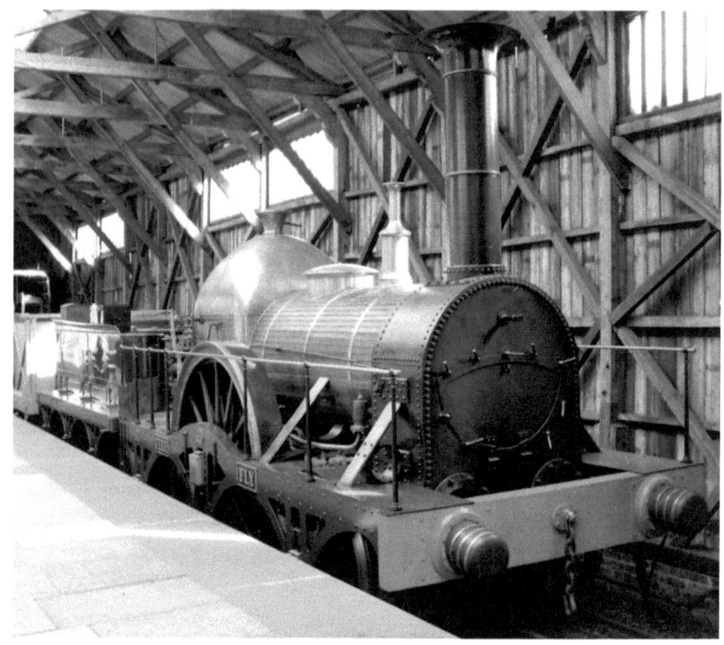

Lokomotive des Typs Firefly (Rekonstruktion);
Didcot/Oxfordshire, Railway Centre

Farbe der Vorderseite der Lokomotive auf Turners Gemälde ist.

Es fällt auf, dass auf Turners Bild direkt am Schornstein der Lokomotive kein Rauch zu sehen ist; erst kurz dahinter ist eine dichte, grau-braune Dampfwolke zu erkennen, die offenbar vom Fahrtwind nach unten gedrückt wird und den Lokomotivführer, der eigentlich zu sehen sein müsste, ganz zu umhüllen scheint.

Unsere Vorstellung einer Dampflokomotive in voller Fahrt ist maßgeblich geprägt durch eine dicke, schwarze, graue oder weiße Rauchwolke, die aus dem Schornstein austritt. Sie gehört zu unserem Bild einer fahrenden Lokomotive notwendig hinzu. Virginia Woolf (1882–1941) zufolge legte sich dieser Rauch an die Waggons „wie die Ohren eines Kaninchens",[25] und in Charles Dickens' 1847/48 erschienenem Roman *Dombey and Son* ist die Rede von dem „schwarzen Hauch", der alles bedeckt, was hinter dem Zug zurückbleibt (Kap. 20). Dieser Eindruck fehlt im Bild oder erscheint doch stark zurückgenommen.

Interessant ist, dass dem zeitgenössischen Betrachter dieses Fehlen offenbar nicht auffiel oder dass es ihn zumindest nicht daran hinderte, die Lokomotive – was für die Analyse des Bilds von Bedeutung ist – *in voller Fahrt* zu sehen. Dass dies ganz offensichtlich der Fall war, dass also die Betrachter des Bilds tatsächlich nicht etwa einen stehenden, sondern einen schnell fahrenden Zug sahen, bezeugt eine Passage aus der Kritik zum Bild im *Fraser's Magazine* aus dem Juni 1844:

> „Inzwischen kommt ein Zug auf dich zu, der tatsächlich mit fünfzig Meilen pro Stunde fährt und den sich der Leser am besten schnell ansieht, sonst ist er aus dem Bild hinausgebraust."[26]

Wie der Autor auf die präzise Einschätzung von 50 Meilen pro Stunde (ca. 80 km/h) kommt, ist in der Literatur verschiedentlich diskutiert worden; wesentlich dürfte sein, dass mit dieser Zahl eine für die damaligen Verhältnisse fast unvorstellbar hohe Geschwindigkeit bezeichnet wird: Mit keinem anderen Verkehrsmittel konnte man sich derart schnell fortbewegen.

Darüber hinaus hat sich Turner selbst offenbar ähnlich geäußert, denn der Maler George Dunlop Leslie (1835–1921), der als Junge Turner 1844 beim Retuschieren von *Regen, Dampf und Geschwindigkeit* beobachtete, erinnerte sich sehr viel später daran, wie Tuner sich hin und wieder mit ihm unterhalten habe; unter anderem

„zeigte er auf den kleinen Hasen, der vor der Lokomotive
auf dem Viadukt um sein Leben rennt",

wobei, so fährt Leslie fort, offenbar dieser Hase und
nicht etwa der Zug es war, der für Turner die hohe Geschwindigkeit verdeutlichen sollte, mit der der Zug über
die Brücke fährt.[27]

Dieser Hase ist im Bild selbst, wenn überhaupt, nur
schwer zu erkennen. John Gage zufolge soll er in einem
mehr oder weniger indifferenten Farbfleck zu sehen sein,
der in einiger Entfernung vor der Lokomotive etwa in der
Mitte zwischen den Gleisen zu sehen ist.[28]

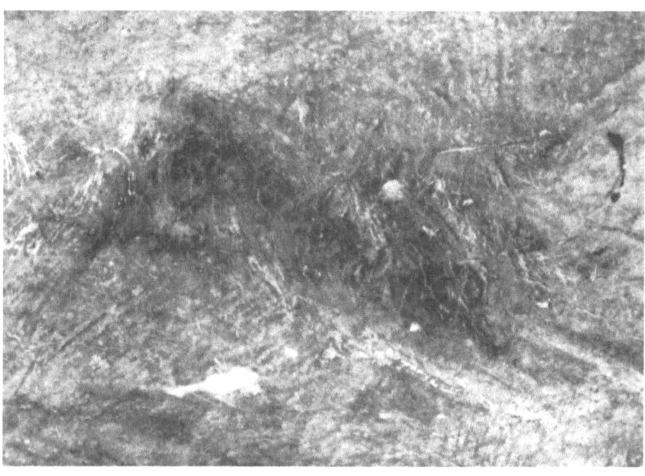

Der Erzählung Leslies zufolge wäre der Hase von
Turner selbst eingefügt worden. Allerdings sind, worauf
Andrew Wilton in anderem Zusammenhang hinweist,
solche Erzählungen vor dem Hintergrund vor allem von
Turners Liebe zur Mystifikation seines eigenen Lebens
mit Vorsicht zu genießen; viele Biographen hat die bekannte, häufig bewusst irreführende Geheimniskrämerei

des Malers zu mehr oder weniger subjektiven Interpretationen der wenigen, verlässlichen Fakten aus Turners Leben angeregt, so dass in manchen Fällen kaum mehr verlässlich zwischen Dichtung und Wahrheit unterschieden werden kann.[29] So ist auch der Bezug des Hasen in *Regen, Dampf und Geschwindigkeit* zum Gedanken der Geschwindigkeit, wie Leslie ausdrücklich vermerkt, Frucht *seiner eigenen* Mutmaßung und nicht etwa eine ausdrückliche Deutung Turners dem jungen, leicht zu beeindruckenden Beobachter gegenüber.[30]

Trotz aller Zweifel und obwohl der Hase auf dem Bild *de facto* nur mit sehr viel Fantasie zu erkennen ist, bilden sowohl er selbst als auch die Deutungen, die sich an seine mutmaßliche Existenz knüpfen, ein populäres *Highlight*, das bis heute in praktisch jeder Führung zu hören und in den allermeisten Darstellungen zu lesen ist. Demnach wollte Turner damit eben, was schon Leslie mutmaßte, auf die Geschwindigkeit hinweisen: Der Hase stehe einerseits für die auf *natürlichem* Weg zu erzielende Geschwindigkeit, die erstaunlich hoch, bis zu 70 km/h (43,5 mph), sein kann.[31] In diesem Fall wird sie jedoch andererseits von der *maschinell* erzeugten Geschwindigkeit des Zugs noch übertroffen, die auf diese Weise für den Hasen zur Lebensbedrohung wird. Die Industrialisierung macht es möglich: Sie übertrifft, darauf läuft diese optimistische Interpretation hinaus, noch die Möglichkeiten der Natur. Indessen könnte in diesem Symbol des von der Maschine zu Tode gehetzten Tiers, wie ebenfalls in der Literatur zu lesen ist, auch eine Kritik Turners stecken. Allerdings stand Turner der Industrialisierung grundsätzlich eher positiv gegenüber; es gibt verschiedene Berichte darüber, wie sehr er die Möglichkeiten bewunderte, die sie dem Menschen des 19. Jahrhunderts bot, und wie gern er selbst diese Möglichkeiten – beispielsweise der schnellen

Eisenbahnfahrt – nutzte. Und vor dem Hintergrund dieser bekannten und an vielen Stellen zu beobachtenden Faszination Turners gegenüber den Errungenschaften der Industrialisierung wird deutlich, dass wir uns mit einer solchen Deutung bereits tief im Feld der Spekulation bewegen. Tatsächlich ist eine solche Kritik an der Industrialisierung mit *Regen, Dampf und Geschwindigkeit* nicht zu belegen, aufgrund der auftretenden Widersprüche sogar eher unwahrscheinlich.

Statt uns also von überlieferten Anekdoten zu Bildinterpretationen verleiten zu lassen, sollten wir auf das vertrauen, was wir auf dem Bild tatsächlich sehen – oder, in diesem Fall, eben *nicht* sehen – und, wie es neuere, seriöse Interpretationen tun, den vermeintlichen Hasen unbeachtet lassen. Zumindest als Schlüssel für die Interpretation eignet er sich nicht.

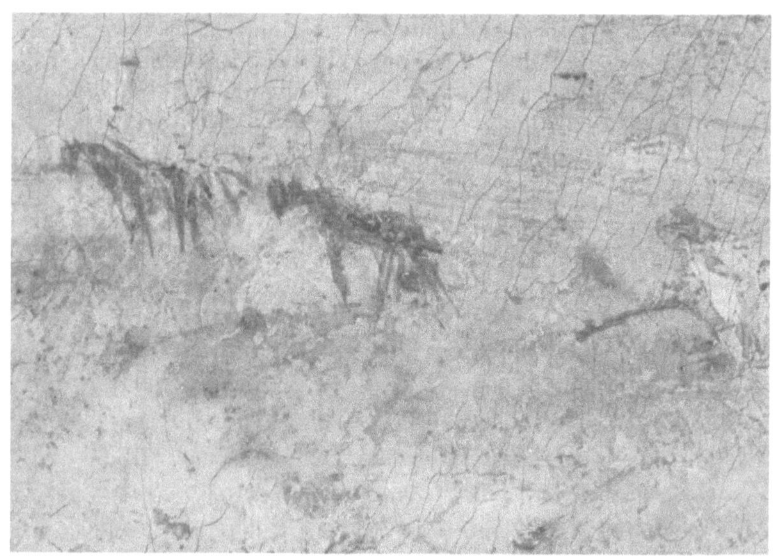

Rechts des Viadukts, über das der Zug fährt, fällt der Blick auf ein Feld, das nach hinten hin offenbar durch eine Böschung begrenzt wird. Auf dem Feld sind mehrere, wiederum nur durch wenige Pinselstriche angedeutete Figuren auszumachen (*Abbildung gegenüberliegende Seite*), die von Gage als „Figur eines pflügenden Mannes" mit zwei vor den Pflug gespannten Pferden gedeutet wird.[32]

Dahinter verliert sich der Blick in den Tiefen einer Landschaft, die sich in der Ferne offenbar zu einem mäßigen Höhenzug erhebt. Der Himmel darüber ist wolkenverhangen, wenn auch keineswegs bedrohlich-grau, bei allem Dunst eher lichtdurchflutet.

Linke Bildhälfte

Die Mittelachse des Bilds wird gerade dadurch betont, dass sie durchgehend verschwommen dargestellt ist und so gut wie keine Gegenstände oder Details der Landschaft unterscheiden lässt.

In der linken Bildhälfte, in die der Blick ebenfalls von der Höhe der Böschung oberhalb des Flusses fällt, führt vom vertikalen Bildrand aus die bereits erwähnte zweite Brücke mit engeren Bögen in die Bildmitte, wo sie im rechten Winkel auf den höhergelegenen Bahndamm der *Maidenhead Bridge* zu treffen scheint. Am Bildrand stehen ihre Pfeiler noch im spiegelnden Wasser, dann folgt ein flacher Uferstreifen, der den Fluss säumt. Gegen die Mittelachse hin werden hier schemenhaft Figuren sichtbar, die auch bei genauerer Betrachtung nicht detailliert zu erkennen sind (*Abb. 3*). Vergleiche mit anderen Bildern Turners wie dem *Winzerfest zu Beginn der Weinlese in Mâcon* aus dem Jahr 1803 (Sheffield, City Art Galleries) oder dem wesentlich späteren Gemälde *Der Goldene Zweig* (1834; London, Tate Britain) legen es nahe, an in antike

Gewänder gehüllte, tanzende Gestalten zu denken; gesichert ist dies indessen nicht, und angesichts der offensichtlichen Wetterlage mag die Annahme eines ausgelassenen Fests wie in *Winzerfest* und dem *Goldenen Zweig* auch erstaunen. Vielleicht handelt es sich bei den ‚Tanzenden‘ auch ganz einfach um Menschen, die vom Ufer der Themse aus begeistert dem vorbeifahrenden Zug zuwinken.

Wesentlich besser zu erkennen ist ein Ruderboot auf dem Fluss, in dem zwei Personen auszumachen sind (*Abb. 1 und 3*). Die vordere hat einen dunklen Regenschirm aufgespannt und hält ihn so, als wollte sie sich gegen von starkem Wind über das Wasser peitschenden Regen schützen. Ein Ruder hängt am Heck des Boots ins Wasser, das Boot scheint auf der verhältnismäßig glatten, spiegelnden Wasserfläche auf der Stelle zu stehen. Rechts neben dem Boot weist ein dunkelbrauner Fleck vielleicht auf den Schatten einer Wolke hin, der über Wasser und Ufer fällt. Durch diesen schimmern noch weiter rechts, schon auf der Mittelachse des Bilds aufragende, hellgelbe Lichter hindurch, die bisher nicht verlässlich gegenständlich gedeutet werden konnten.

Die ganze obere Hälfte dieser wie auch der anderen Bildseite ist den Wolken und den Regenschwaden gewidmet, die mit spürbarer Geschwindigkeit über den ansonsten blauen Himmel ziehen. Ein Regenschauer hat das Viadukt und den Zug erreicht. Nicht allein der blaue Himmel, sondern auch das Sonnenlicht scheint die Wolken an vielen Stellen durchdringen zu können. Das Licht trifft an verschiedenen Stellen auf die Erde oder bricht sich in den Wolken, wie etwas links der Bildmitte, wo eine aufragende Wolke aus Dunst oder Dampf im Sonnenlicht aufleuchtet. Auch die hellgelben Flecken am gegenüberliegenden Flussufer mögen so zu erklären sein.

Der Fluss selbst reflektiert den von Licht erfüllten, leuchtenden Himmel. Vordergründig mag es sich um ‚schlechtes Wetter‘ handeln – Regen, Wind –, aber den Maler interessiert daran offensichtlich nicht, ob die Passagiere in den offenen Wagen oder die ‚Tanzenden‘ oder Winkenden am Flussufer nass werden. Vielmehr beobachtet er den scheinbaren Widerspruch zwischen einem bedeckten, wolkenverhangenen, verregneten Himmel und dem Licht, das die Wolken als Folie nutzt, um mit ihrer Hilfe den Himmel in ein faszinierendes Spiel aus Licht, Schatten und – nicht zuletzt – Farben zu verwandeln.

Es sei nicht die Aufgabe des Künstlers, die Wirklichkeit abzubilden. So hat es – nicht als erster,[33] aber mit erkennbarem Bezug auf William Turner – der englische Schriftsteller, Kunsthistoriker und Sozialphilosoph John Ruskin (1819–1900) 1843 im ersten Band von *Modern Painters* geschrieben.

> „Ein Maler, der ein Naturobjekt getreulich darstellt, ist dadurch so wenig ein großer Künstler, wie ein Mensch, der sich grammatikalisch und sprachlich melodiös ausdrückt, damit schon ein großer Dichter ist."[34]

Ruskin war einer der einflussreichsten Denker seiner Zeit. Mit *Modern Painters*, dessen erster Band hauptsächlich Turner gewidmet ist, wurde er zum kunsttheoretischen Anwalt des um 44 Jahre älteren Malers. „Als Dreiundzwanzigjähriger war er der offiziellen Kritik allein entgegengetreten und hatte überzeugt."[35]

Ruskin war es auch, der als einer der ersten den Begriff ‚Moderne' für die Malerei des 19. Jahrhunderts verwendete und dabei eine theoretische Begründung der modernen Kunst entwickelte. Die sichtbare Wirklichkeit bzw. die ‚Natur' nachzuahmen, so schreibt Ruskin im Anschluss an das oben angeführte Zitat, stelle lediglich das technische Handwerkszeug des Künstlers dar, sei mithin nichts als die notwendige Voraussetzung, um mit ihrer Hilfe Kunst erschaffen zu können.

Allerdings stellt sich dann die Frage, was Kunst zur Kunst *macht*, wenn dies *nicht*, wie es weit verbreitete Meinung war, die Fähigkeit zur Mimesis* ist.

Ruskin entwickelt seine Antwort auf diese Frage ausgehend von einer Beobachtung: Er wirft exemplarisch einen Blick auf eine Pfütze am Wegrand. Diese könne man auf ganz verschiedene Weisen *sehen*, bevor es an die künstlerische Umsetzung geht; je nach der Art, wie man die Pfütze sehe, könne man unterschiedliche Dinge darin erkennen:

> „Es ist in dein Belieben gestellt, ob du den Unrat der Straße oder das Bild des Himmels darin erschaust."[36]

Der gewöhnliche Mensch wie ein mittelmäßiger Maler, der sich der Kunst nicht bewusst ist, lasse sich beim Sehen grundsätzlich von seinem (Vor-)Wissen leiten. Entsprechend werde das Sehen davon überlagert und geprägt. Der Mensch *weiß*, Ruskin zufolge, dass eine Pfütze nichts Edles oder Sehenswertes, sondern etwas Alltägliches und Schmutziges ist. Entsprechend erwarte er, dass sie ihm trüb und dreckig erscheinen wird. Aufgrund dieser vom Wissen geprägten Erwartung werde er sie weder genauer ansehen, noch etwas Besonderes in ihr entdecken. Eine Pfütze ist gewissermaßen durch eine allgemeine Vorstellung von ihr profaniert.

Der echte, große Künstler dagegen sehe sie auf eine andere Weise. Er lasse sich nicht durch sein Vorwissen leiten, sondern ausschließlich durch sein Auge:

> „Der große Maler blickt unter und hinter die braune Oberfläche [und] malt, was er da gewahrt, und wenn es ihn einen ganzen Tag Arbeit kostete."[37]

Für ihn hat die Pfütze also nichts Profanes und Alltägliches. Sie bildet vielmehr einen unbekannten Mikrokosmos, in dem es Vieles und Wunderbares zu entdecken gibt. Und Ruskin wünscht, dass nicht nur die großen, sondern auch die gewöhnlichen Maler

> „auf die nächste Wiese gehen möchten, an den nächsten schmutzigen Teich und den genau malen; nicht daran denkend, dass sie Wasser malen, und dass Wasser auf eine be-

sondere Weise gemalt werden muss, sondern *nur malen, was sie sehen ...“*

Dann würden sie beispielsweise entdecken, dass

„kaum ein Teich an der Landstraße [liegt], der nicht so viel Landschaft in sich als über sich hätte. Die Pfütze ist nicht braun, sumpfig oder öde; sie hat ein Herz wie wir, auf dessen Grunde die Zweige der hohen Bäume, die Halme des wehenden Grases und alle Farbentöne wechselnden lieblichen Himmelslichts wohnen. Selbst die hässliche Lache, die sich über den Ableitungsröhren im Innern der schmutzigen Stadt bildet, ist nicht gänzlich gemein; wenn du tief genug blickst, wirst du das dunkle ernste Blau des fernen Himmels und die vorüberziehenden reinen Wolken darin erblicken.“[38]

Ruskin nennt diese Art zu sehen den „umfassenderen Blick“.

Eben dieser Aspekt, das Sehen nur mit dem Auge, nicht aber mit Bewusstsein und auf der Grundlage von Vorwissen und Erwartung, wird einige Jahrzehnte später programmatisch von den Impressionisten favorisiert. So wird vor eben diesem Hintergrund Émile Bernard (1868–1941) Claude Monet (1840–1926) „Auge des Lichts“ nennen, „das die Tore der Malerei zur Unendlichkeit des Himmels, des Meeres und der Ebenen aufgestoßen hatte.“[39] Und Paul Cézanne (1839–1906) sieht in Monet noch umfassender ‚das Auge schlechthin‘: „Monet ist ein Auge,“ sagt er um 1900 über ihn, „das wunderbarste Auge, seit es Maler gibt.“[40]

Diese Konzentration des Künstlers auf den Akt des unvoreingenommenen Sehens, die es erst seit dem Beginn der Moderne mit ihrer Einführung von Subjektivität und Individualität in die Kunst gibt, führt dazu, dass sich der Maler nicht allein über die Gegenständlichkeit seiner Werke Gedanken macht, sondern auch über die angemessene Darstellungsweise, die seinen eigenen, subjektiven Eindruck richtig wiedergibt. ‚Richtig‘ bedeutet hier aber nicht mehr, dass allgemein anerkannten, ‚objektiven‘ Kriterien Genüge getan wird, die von außen bestimm- und überprüfbar wären, sondern dass der individuelle, meist situationsbedingte, ephemere (vorübergehende, flüchtige) Eindruck so wiedergegeben und damit fixiert wird, dass er auch später noch nachvollziehbar ist, wenn die Situation längst vorüber ist und sich Bild und Betrachter an einem anderen Ort befinden.

Dies, einen rein persönlichen, augenblickshaften, vergänglichen Eindruck auf der Leinwand oder dem Aquarellpapier festzuhalten und damit reproduzierbar, erinnerbar, wieder-erlebbar zu machen, bedeutet, ein natürliches Phänomen, auch ‚Wirklichkeit‘ oder ‚Natur‘ genannt, mit den Mitteln der Kunst in Kunst zu verwandeln. Auf diese Weise *wird* aus ‚Natur‘ Kunst.

Auf dem Weg dieses Akts der Transformation entdecken die modernen Künstler jedoch, dass ihnen Vieles hinderlich ist, was in den voraufgegangenen Jahrhunderten entwickelt worden ist und als ‚klassisches Wissen‘ in den Akademien gelehrt wird. Dazu gehört beispielsweise die Linear-, Fluchtpunkt- oder Zentralperspektive*, die Turner selbst seit 1811 als Professor der Royal Academy unterrichtet, aber ebenso viele Theorien der Farbgebung, die gerade am Beginn des 19. Jahrhunderts stark von Goethes 1810 erschienener *Farbenlehre* beeinflusst werden. Alles dieses über Jahrhunderte als selbstverständlich vorausgesetzte Wissen muss nach der neuen Ausrichtung der Kunst überprüft werden und vieles davon wird von den ‚modernen‘ Künstlern als untauglich eingestuft angesichts ihres Bemühens, das auszudrücken, was sie in ihren Werken ausdrücken wollen und was eben nicht (mehr) mimetische Widergabe der äußerlich sichtbaren Wirklichkeit ist.

Das gilt nicht zuletzt für William Turner, der *als Künstler* nicht selten in eklatanter Weise von dem abweicht, was er *als Professor* in der Royal Academy lehrt.[41]

Regen und Dampf und Geschwindigkeit

Das Gemälde *Regen, Dampf und Geschwindigkeit* gehört zu den spätesten Werken, die Turner gemalt hat. 1844 war er fast siebzig Jahre alt. Eigentlich sollte man erwarten, dass er damit kein Neuland mehr betritt und keine weiteren Erfindungen mehr macht.

Aber gerade diese Erwartung durchkreuzt Turner, nicht zuletzt indem er dem Bild einen überraschenden Titel gibt. Regen und Dampf sind beides flüchtige Elemente, die in einem Ölbild zu fixieren an sich schon schwierig ist. Aber *Geschwindigkeit* ‚auszudrücken‘ – um diese Formulierung Honoré de Balzacs aufzunehmen[42] – musste für seine Zeitgenossen als gänzlich unmöglich gelten, nicht zuletzt da das Phänomen der Geschwindigkeit in der ersten Hälfte des 19. Jahrhunderts noch ein ganz neues, viel bestauntes und kontrovers diskutiertes war.

Darstellung von Bewegung

Tatsächlich wurde noch am Ende des 19. Jahrhunderts festgestellt, dass die Kunst des gesamten Jahrhunderts nicht allein Geschwindigkeit, sondern sogar jede Form der Bewegung schlicht ignoriert habe.[43]

Turners Altersgenosse John Constable (1776–1837) hatte dies erst kurz vor der Entstehung von *Regen, Dampf und Geschwindigkeit* unfreiwillig bewiesen: In seinem Gemälde *Das springende Pferd (Abbildung gegenüberliegende Seite)* erscheint das namengebende, stämmige Pferd wie in der Bewegung festgefroren – wie ein Spielzeugpferd, das auf die Bewegung durch die Kinderhand wartet.

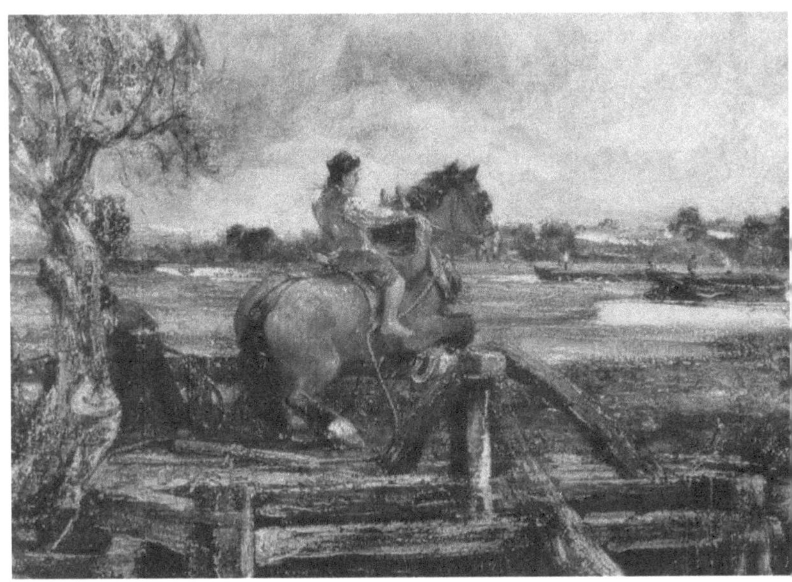

John Constable, Das springende Pferd, 1824/25 (Detail);
London, Royal Academy of Arts

Das Pferd, das Constable ohne ersichtlichen Grund auf einer grob gezimmerten Holzbrücke zu einem schwerfälligen Sprung ansetzen lässt, gleicht nicht zuletzt aufgrund seiner optischen Erstarrung mehr der herrschaftlichen Levade* als der sportlichen Überwindung eines Hindernisses. Constable transportiert damit wahrscheinlich eher inhaltliche Konnotationen, als dass ihn die Darstellung von Bewegung oder gar Geschwindigkeit interessieren würde. Auch hier wird dieses Phänomen also offensichtlich ignoriert.

Das findet sich ganz ähnlich in vielen anderen Bildern dieser Zeit. Auch Théodore Géricaults Rennpferde beim Derby in Epsom (1821; *Abbildung gegenüberliegende Seite, oben*) erscheinen trotz des gestreckten Galopps, in dem sie sich befinden sollen, wie in der Luft festgefroren, statt dass sie glaubwürdig den Eindruck von rasender Geschwindigkeit vermitteln würden. Und das ist selbst noch bei dem größten Pferdemaler des 19. Jahrhunderts, dem zu seiner Zeit höchst-berühmten Ernest Meissonier (1815–1891, *Abbildung gegenüberliegende Seite, unten*), so, der es trotz aufwändigsten Studiums der Bewegungsabläufe von Pferden im vollen Galopp nicht vermochte, den Bildern den Eindruck von geradezu verzweifelter Erstarrung zu nehmen, sie also optisch-illusionistisch in Bewegung zu versetzen.[44]

Annähernd systematisch thematisiert wurde Bewegung in der Kunst erst gegen Ende des 19. Jahrhunderts bzw. um die Jahrhundertwende, als die neu entwickelte Technik der Fotographie Verfahren entwickelt hatte, mit deren Hilfe Bewegung seriell aufgenommen und abgebildet werden konnte. Der Serien- und der Chronophotographie, wie sie maßgeblich der britische Fotograph Eadweard Muybridge (1830–1904) und der französische Erfinder Etienne-Jules Marey (1830–1904) entwickelten, folgten nach der Jahrhundertwende neben dem eigentlichen Film die kubistischen und futuristischen Auseinandersetzungen mit dem Phänomen der Bewegung, beispielsweise in Marcel Duchamps *Akt, eine Treppe hinabsteigend* von 1912 (Philadelphia Museum of Art) oder im ersten futuristischen Manifest aus dem Jahr 1909, in dem mehr als 60 Jahre nach Entstehung von *Regen, Dampf und Geschwindigkeit* so getan wird, als sei Geschwindigkeit überhaupt erst jetzt erfunden worden; darin erklärt Filippo

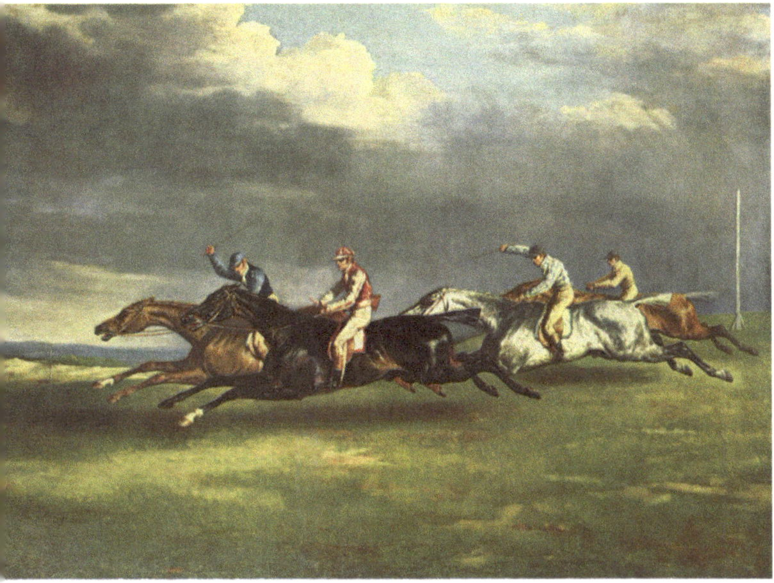

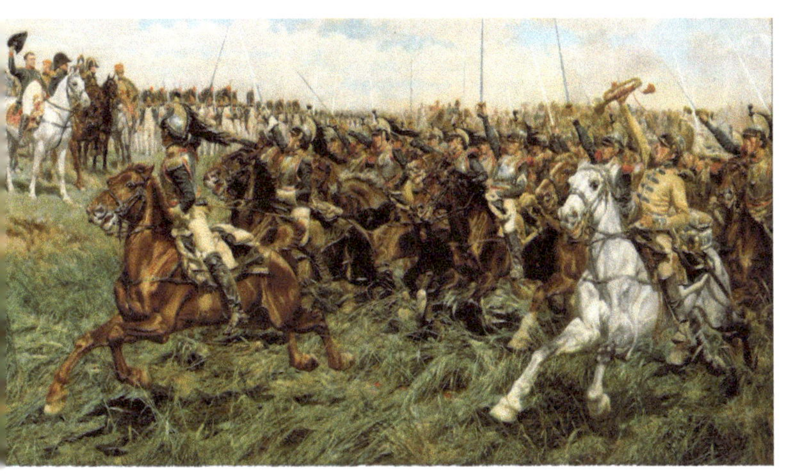

Théodore Géricault, Das Derby in Epsom, 1821;
Paris, Louvre

Ernest Meissonier, 1807. Friedland (Detail), ca. 1861–1875;
New York, Metropolitan Museum

Tommaso Marinetti (1867–1944), „daß sich die Herrlichkeit der Welt um eine neue Schönheit bereichert hat: die Schönheit der Geschwindigkeit".[45]

Sehen von Bewegung

Das Sehen ist heute durch ganz andere Gewohnheiten und nicht zuletzt andere Geschwindigkeiten geprägt, als das noch in der ersten Hälfte des 19. Jahrhunderts der Fall war. Wir sind mit der Filmtechnik vertraut und darin geübt, Einzelbilder einer Serienfotografie zu einer vor unseren Augen ablaufenden Bewegung zusammenzusetzen. Und durch Hochgeschwindigkeitskameras kennen wir sogar Bewegungsabläufe, die mit dem bloßen Auge und selbst mit einer normalen Kamera nicht wahrnehmbar sind. Ein Bild, das ohne diese Vorkenntnisse entstanden ist, wirkt in unseren Augen dagegen leicht wie erstarrt oder eben eingefroren.

Das war zu Turners Zeit noch anders. Ein ambitionierter Maler wie der dreißigjährige Géricault – der Maler des aufsehenerregenden *Floßes der Medusa* (1818–1819; Paris, Louvre) – hätte sich kaum mit *Derby in Epsom* an die Öffentlichkeit gewagt, wenn er nicht die berechtigte Hoffnung gehabt hätte, den Effekt zu erzielen, den er sich vorgestellt hatte. Und ebensowenig hätte es Meissonier getan, der gerade wegen der Wirkung der Bewegung der von ihm dargestellten Pferde vom Publikum geschätzt wurde.

Dass die Wirkung dieser und vergleichbarer Bilder auf den zeitgenössischen und den heutigen Betrachter so unterschiedlich ausfällt, macht eine Einschätzung von *Regen, Dampf und Geschwindigkeit* ausgesprochen schwierig. Diese Wirkung hatte nicht zuletzt mit zwei Aspekten zu tun.

Einerseits war man es im 19. Jahrhundert seit alters gewohnt, eine einzige Ansicht imaginativ zu einer Geschichte zu vervollständigen. Häufig nutzte man eine ausgewählte Szene, um die Erinnerung an bereits bekannte Geschichten abzurufen und im Betrachter gewissermaßen einen ‚inneren Film‘ in Gang zu setzen, der durch bewusste Abweichungen vom Bekannten neue Akzente erhalten konnte. Aber bei dieser Art des Sehens ging es nicht um Bewegung oder Geschwindigkeit, sondern um Sukzession bzw. den Verlauf einer Geschichte. Man ließ sich von einem Bild dazu animieren, die Geschichte weiterzudenken, nicht aber einen einzelnen Bewegungsablauf genau zu beobachten.

Denn andererseits war Bewegung oder gar Geschwindigkeit bis zu diesem Zeitpunkt kaum überhaupt ein Thema gewesen. Die höchste Geschwindigkeit, mit der sich ein Mensch bisher hatte fortbewegen können, war die, die er auf dem Rücken eines Pferds erreichte. Ein Hase war noch ein wenig schneller, aber auch da, wo eine noch höhere Geschwindigkeit erreicht wurde – etwa beim Abschießen einer Kanone –, wurde dieser Umstand nicht ‚breit‘ diskutiert. „Im großen und ganzen“, so heißt es bei dem französischen Philosophen und Geschwindigkeitstheoretiker Paul Virilio, „wird bis zum 19. Jahrhundert Geschwindigkeit nicht eigens hergestellt“.[46] So waren beispielsweise Schiffe über Jahrhunderte hinweg nicht wesentlich schneller geworden. Geschwindigkeit oder Schnelligkeit war, was heute schwer vorstellbar ist, noch kaum ein Thema gewesen, wurde überhaupt im Zuge der industriellen Revolution, deren anschaulichste Verkörperung die Eisenbahn ist, erst entdeckt.

Zeitgleich mit Turner allerdings begegnen auch andere überraschte, begeisterte oder auch verstörte Zeugnisse der Entdeckung der Geschwindigkeit. 1839 berichtet beispielsweise ein Reisender von der seltsamen Erfahrung des ‚Nicht-Orts‘ des Eisenbahn-Waggons:

> „Bei der alten Form des Reisens [...] gelangte man noch von Ort zu Ort; während wir am Morgen einen Zug besteigen können, uns dann 12 Stunden im Zug, also gleichsam nirgendwo befinden und am Abend in Paris aussteigen.“[47]

Mit direkterem Bezug auf die Wahrnehmung beschreibt Victor Hugo (1802–1885) im August 1837 seinen Blick aus dem Fenster des Zugabteils:

> „Die Blumen am Feldrain sind keine Blumen mehr, sondern Farbflecken, oder vielmehr rote oder weiße Streifen; es gibt keinen Punkt mehr, alles wird Streifen; die Getreidefelder werden zu langen gelben Strähnen; die Kleefelder erscheinen wie lange grüne Zöpfe; die Städte, die Kirchtürme und die Bäume führen einen Tanz auf und vermischen sich auf eine verrückte Weise mit dem Horizont.“[48]

Doch auch wenn Turner den Begriff ‚Geschwindigkeit‘ im Titel seines Bilds verwendet, scheint dies nicht etwa auf eine theoretische Debatte, sondern vielmehr auf eine unmittelbare Erfahrung zurückzugehen. Die Geschwindigkeit des fahrenden Zugs hat ihn offensichtlich auch ohne allgemeinen, abstrahierenden Diskurs auf ganz direkte Weise angesprochen.

Und wenn er vielleicht auch nicht der erste war, der dieses Phänomen überhaupt reflektierte, so war er doch mit Sicherheit einer der ersten – wenn nicht der erste –, der nach künstlerischen Mitteln suchte, mit denen sich diese neue Erfahrung in einem statischen, in der Bewegungslosigkeit verharrenden, sich der Wirkung der Dynamik also gerade widersetzenden Bild ausdrücken ließ.

Da es diesen Versuch nach allem, was wir wissen, vorher so noch nicht gegeben hatte, musste Turner dazu andere künstlerische Mittel verwenden, als sie bisher angewendet worden waren. Er musste das dafür notwendige Zeichenrepertoire vollständig neu erfinden. Und da Turner sein ganzes Malerleben hindurch immer wieder neue Wege eingeschlagen hatte und also darin geübt war, Pionierarbeit zu leisten, verwundert es nicht, dass er auch in diesem Fall nicht, wie *Das Derby in Epsom*, innerhalb der Tradition verbleibt. Dabei erweisen sich seine neu entwickelten, künstlerischen Mittel zumindest in unseren Augen als sehr viel effektiver und wirkungsvoller als die seiner Vorgänger.

Das Gemälde 3: Künstlerische Mittel

Die ungewöhnlichen, künstlerischen Mittel, die Turner in seinem Bild verwendet hat, sind schon den Zeitgenossen aufgefallen. So schreibt der bereits genannte Kritiker des *Fraser's Magazine* im Juni 1844 über das Bild:

> „Alle diese Wunder sind mit Mitteln verwirklicht, die nicht weniger wunderbar als die Effekte sind. Der Regen […] ist aus Tropfen von schmutzigem Kitt gebildet, der mit einer Kelle auf das Bild *aufgeklatscht* worden ist; das Sonnenlicht sprüht aus sehr dicken, schmierigen Klumpen von Chromgelb heraus. Die Schatten werden durch kühle Töne von purpurnem Karmesin und dezenten Lasuren von Zinnoberrot hervorgerufen; und obgleich das Feuer in der Dampfmaschine aussieht, als wäre es rot, bin ich nicht sicher, ob es nicht mit Kobalt und Erbsengrün gemalt ist."[49]

Hier geht es nicht primär um Geschwindigkeit. Der Kritiker beschreibt vielmehr die spektakuläre Arbeitsweise Turners und gerät dabei immer wieder in vielsagender Weise durcheinander zwischen der Beschreibung von *Malerei* und einem Phänomen der *Wirklichkeit*: Regen erscheint in „Tropfen von schmutzigem Kitt", „das Sonnenlicht sprüht", „das Feuer in der Dampfmaschine" sieht aus … (statt: *die Darstellung* des Feuers …).

Auffällig ist dabei außerdem, dass sich der Kritiker keineswegs darüber echauffiert, dass Turner hier regelwidrig vorgeht und malt wie ein Kind, das mit Fingerfarben herumkleckst. Im Gegenteil stellt sich bei der Lektüre eher das Gefühl ein, dass der Autor den Effekt durchaus zu würdigen weiß, den Turner erzeugt, ja dass er geradezu begeistert ist über die unkonventionelle Weise, mit der Turner einen Effekt erzielt, der dem unmittelbaren Eindruck der Wirklichkeit überraschend nahe zu kommen scheint.

„Die Welt hat bisher noch kein Bild wie dieses gesehen."

Das ist, wie sich denken lässt, alles andere als selbstverständlich in den 1840er Jahren.

Farbe

Es ist eben dieser Umgang mit der Farbe, der Turner in den Augen vieler Zeitgenossen zum ‚Schmierfinken‘ machte. Tatsächlich nimmt er auch hier etwas vorweg, das in der Kunstgeschichte erst sehr viel später aufgegriffen werden wird. Turner entdeckt für sich die Farbe *als Material*, die nicht allein durch den Farbwert, sondern auch durch ihre Materialität wirkt bis hin zu ihrem buchstäblichen Spiel mit Licht und Schatten, wenn sie entsprechend dick aufgetragen wird und sich Schatten hinter und zwischen den Farbwülsten sammeln. Gerade dieser Zug wurde von der zeitgenössischen Kritik genüsslich kommentiert: Turner wird der ‚Maler mit dem Wischmopp‘, seine Bilder seien „ein Haufen Seifenlauge und Tünche"[50] – was nun nicht mehr ganz so genüsslich, sondern eher entrüstet klingt.

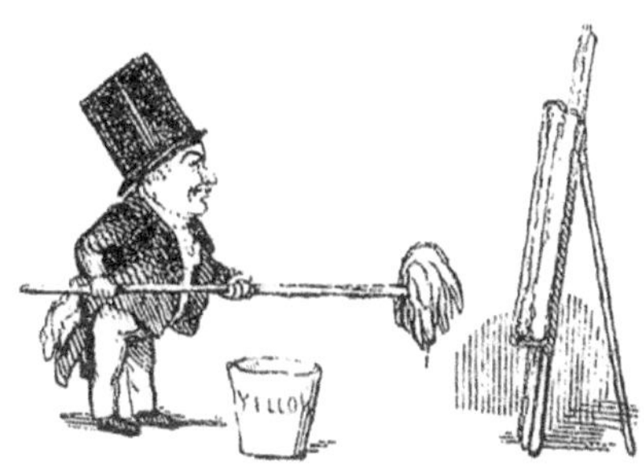

*Richard 'Dicky' Doyle,
Turner malt eines seiner
Bilder, 1846; Karikatur
aus 'The Almanac of the
Month'*

Die Art des Farbauftrags in *Regen, Dampf und Geschwindigkeit* ist besonders gut an der Lokomotive sowie überhaupt in der rechten Bildhälfte zu erkennen, selbst noch in Reproduktionen (*Abb. 2*). Vor allem in der oberen, rechten Bildecke ist deutlich die Materialität der Ölfarbe zu sehen, die offenbar in schon fast trockenem Zustand noch einmal mit unterschiedlichen Hilfsmitteln bearbeitet wurde und dies in einer Weise, dass die dicken Farbwülste und die durch sie verlaufenden Rillen und Ritzen starke Kontraste zwischen den beleuchteten Farbkuppen und den im Schatten liegenden Farbtälern erzeugen. Auf diese Weise wird die Wirkung besonders dichter und gebauschter, dem Betrachter naher Wolken hervorgerufen. Im Gegensatz dazu hat Turner an vielen Stellen die weiße Farbe, mit der er Dunst darstellt, nur dünn über der darunter liegenden, blauen Farbschicht aufgetragen oder sie sogar wieder abgekratzt, so dass an diesen Stellen der Eindruck eines durch Wolken und Regen hindurchschimmernden Himmels entsteht. Die Regenwolken scheinen an diesen Stellen dünn zu sein, eher eine Dunstschicht, die von einer unsichtbaren Sonne von hinten beleuchtet wird.

Ähnlich geht Turner rechts des Viadukts mit der ockergelben Farbe um, wobei hier die Abstraktion so weit getrieben ist, dass keine Details mehr erkennbar sind; die wiederum mit unterschiedlichen Instrumenten aufgetragene und im halbtrockenen Zustand wieder abgekratzte Farbe mag an wogende Kornfelder erinnern, was indessen aufgrund der Größenverhältnisse eigentlich nicht möglich ist. Der Blick muss sehr viel weiter in die Ferne gehen, und obwohl die Landschaft um Maidenhead eigentlich flach ist, stellt sich der Eindruck ein, auf eine ferne Hügelkette zu schauen – Landschaft, Himmel und Wolken vermischen sich zu einem großen Ganzen.

Turners Farben scheinen sich dagegen zu sträuben, sich von Konturen einfangen und binden zu lassen. Sie streben aus dem Bezug zum Gegenstand heraus und beginnen ein Eigenleben, das umso stärker wird, je näher man an das Bild herantritt. Entfernt man sich hingegen von der Leinwand, so wird an vielen Stellen ihre ursprüngliche Beziehung zu den Gegenständen wieder sichtbar, jedoch in ganz unterschiedlichem Grad. Das Viadukt, die Lokomotive, die zweite Brücke, das Ruderboot und der Fluss sind verhältnismäßig eindeutig erkennbar, doch das meiste Übrige versinkt schemenhaft im Dunst. Es entsteht der Eindruck einer Momentaufnahme – als würde man mit geschlossenen Augen oberhalb der Themse stehen und blitzartig die Augen öffnen und wieder schließen; dabei wird man davon überrascht, dass genau in diesem Moment auf dem Viadukt ein Zug den Fluss überquert, der wie eine Fata Morgana aus Dunst und Regen auftaucht und in der nächsten Sekunde rechts am Betrachter vorbeifahren und aus dem Blick wieder verschwinden wird. Der Zug zieht die Aufmerksamkeit unweigerlich auf sich, alles andere verbleibt in der Peripherie dieses nur für eine Sekunde wahrgenommenen Blickfelds und wird nicht deutlich erkennbar. Eine Figurengruppe wie die der ‚Tanzenden‘ oder Winkenden am gegenüberliegenden Flussufer wird auf diese Weise nur schemenhaft wahrnehmbar.

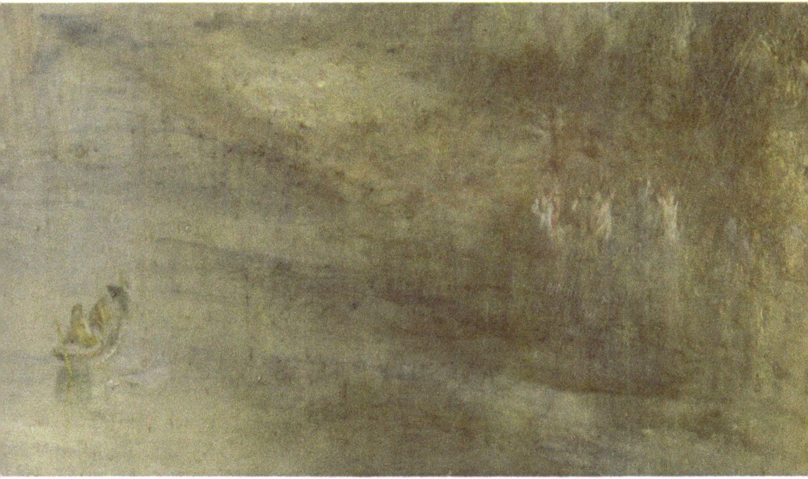

Themse mit Ruderboot und ‚Tanzende'/Winkende am gegenüberliegenden Ufer

Bildausschnitt, Räumlichkeit, Einbeziehung des Betrachters

Der Bildausschnitt, den Turner in *Regen, Dampf und Geschwindigkeit* wählt, und die Räumlichkeit, die er auf der Leinwand herstellt, gehören untrennbar zusammen. Sie haben unmittelbare Auswirkungen auf die Einbeziehung des Betrachters in das im Bild dargestellte Geschehen.

Der Bildausschnitt fällt besonders durch die Stellung der Eisenbahn-Brücke auf, die vom vorderen Bildrand ausgehend so in das Bild hinein fluchtet, dass der Zug, der das Viadukt überquert, beinahe auf den Betrachter zuzufahren scheint.

Ob es die Stelle, von der aus der Betrachter über die Themse hinweg nach Osten sieht, tatsächlich gibt (oder gab) und ob sie genau so aussah, wie Turner sie darstellt, kann letztlich nur vor Ort geklärt werden; es erscheint jedoch fraglich. Beide Brücken, auch jene, die vom linken Bildrand aus über den Fluss auf die Bildmitte zustrebt, gibt es noch heute (*vgl. Abb. unten*). Über die ältere (*auf der Abbildung die hintere*) führt heute die Bath Road. Wenn der Betrachter sie zur Linken hat und über die Themse sieht, liegt das Stadtzentrum in seinem Rücken.

Allerdings führen die Wege, die über die Brücken Richtung Osten gehen, nicht etwa im rechten Winkel

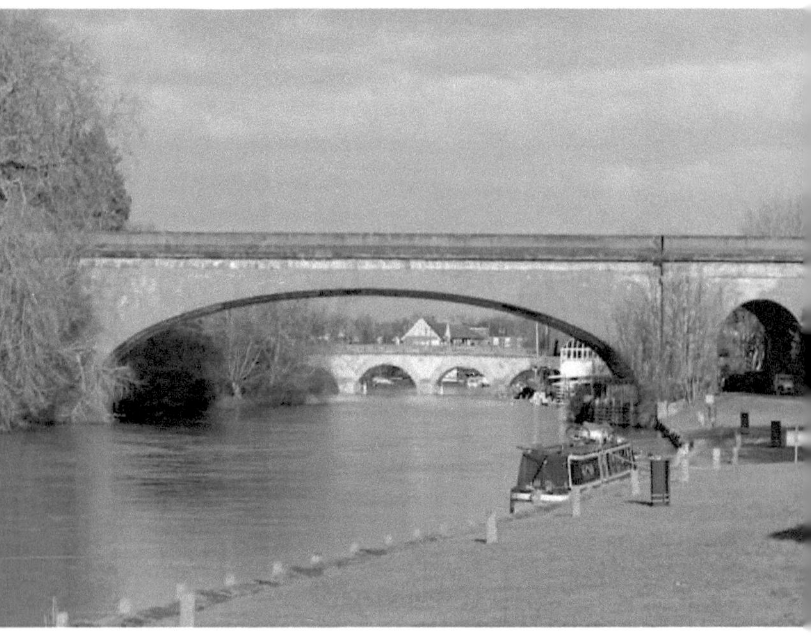

Maidenhead, Eisenbahn- und Straßenbrücke über die Themse

aufeinander zu, wie es Turners Bild suggeriert. Sie verlaufen vielmehr nahezu parallel zueinander, die Bath Road macht erst in einiger Entfernung eine leichte Wendung nach rechts, die sie sehr viel später über die Eisenbahngleise führen wird. Auch macht die Themse in der Nähe oder unter der Maidenhead-Bridge keinen Knick, wie es das Bild nahelegt, sondern verläuft ganz gerade; eine leichte Wendung macht sie weiter südlich, allerdings in die andere Richtung.

Turner tut also auch hier nicht, was Ruskin zufolge nicht die Aufgabe des großen Künstlers ist – ein Naturobjekt oder einen Ausschnitt aus der Natur getreulich abzubilden –, sondern er greift aktiv in die Wirklichkeit ein, verändert, *verwandelt* sie. Wir sehen die Wirklichkeit also nicht etwa, wie wir sie vor Ort, ‚in der Natur‘ sehen würden. Was wir sehen, ist vielmehr

> „die Wirklichkeit gesehen durch die Persönlichkeit des Genies.“[51]

Solche Eingriffe und Veränderungen gegenüber der ‚Natur‘, die jeder Art der Dokumentation und ‚Richtigkeit‘ der Darstellung widersprechen, kennen wir auch von anderen Bildern Turners. In seinem monumentalsten Gemälde, *Die Schlacht von Trafalgar (Abb. 4)*, das Turner 1823/24 malte, stellt er das Flaggschiff der britischen Flotte, die legendäre *Victory*, während des Kampfs dar mit dem von einer Aureole umgebenen, noch unverletzten Admiral Lord Nelson auf dem Achterdeck stehend. Bei näherem Hinsehen stellt sich der Eindruck ein, dass sich der Schiffsrumpf der *Victory* um die Mittelachse des Bilds herum zu winden scheint: Während der Bug mit Vordersteven und Gallion fast bildparallel steht, ist das Heck spürbar nach hinten gedreht. Auf diese Weise öffnet sich in der linken Bildhälfte ein Blick in die lange Reihe der in Schlachtordnung kämpfenden, britischen Schiffe, während auf der anderen Seite der *Victory* die französische Flotte im vollkommenen Chaos ihrer verheerenden Niederlage versinkt. Turner erschafft gewissermaßen eine Panorama-Ansicht mit *Fisheye*-Perspektive und gewinnt auf diese Weise wesentlich mehr Raum für die Darstellung der komplexen Ereignisse, als ihm eine konventionelle Anlage der Perspektive zur Verfügung stellen würde.

Einen ähnlichen perspektivischen Knick finden wir auch in anderen Werken, so in *Rom vom Vatikan aus gesehen* von 1820[52] und in *Der Brand des Ober- und Unterhauses* von 1835.[53] In beiden Fällen geht es darum, den Blick in geradezu dramatischer Weise zu weiten und ihn innerhalb kleinsten Raums von einer extremen Nahsicht in große Ferne zu lenken.

Auch in *Regen, Dampf und Geschwindigkeit* trägt diese *Fisheye*-Technik dazu bei, die Wirkung der Geschwindigkeit des in die Richtung des Betrachters fahrenden Zugs derart zu steigern, dass man in der zeitgenössischen Literatur von einem ‚rasenden‘ Zug lesen kann oder von einer Lokomotive, die auf den Betrachter zu ‚braust‘.[54]

Die Vergrößerung des Winkels, in dem die beiden Brücken in Wirklichkeit zueinander stehen, gehört in diesen Zusammenhang. Gemeinsam mit dem wilden Farbwust in der Bildmitte ergibt sich fast die Wirkung einer Explosion, aus deren Zentrum eine sich konzentrisch ausbreitende Kraft mit hoher Geschwindigkeit den Bildrändern zustrebt.

Der Ausschnitt bezieht den Betrachter durch die in das Bild hineinführende Eisenbahnbrücke aber nicht nur ein; durch seine wohl nicht der Wirklichkeit entsprechende Stellung deutlich oberhalb der Brücke wird er zugleich auf Distanz gehalten.

Dieser Aspekt irritiert auch in anderen Bildern Turners, beispielsweise in seinem spektakulären *Schneesturm – ein Dampfer vor einer Hafeneinfahrt (Abb. 5)*. Obwohl der ungewöhnlich lange Titel dieses Bilds eigens darauf hinweist, dass der Maler während des dargestellten Unwetters an Bord des mit dem Seegang kämpfenden Schiffs war; obwohl er selbst erzählte, dass er sich von den Matrosen habe am Mast festbinden lassen, um das Schauspiel zu beobachten –

> „vier Stunden lang war ich angebunden; ich glaubte es nicht zu überleben; aber ich wollte es festhalten, falls ich davonkäme"[55] –;

obwohl der Maler also mitten drin war in dieser apokalyptischen Situation, positioniert er den Betrachter in einer so großen Distanz zu dem Schiff, dass er zwar von den eiskalten Wellen überrollt zu werden droht, das Schiff, auf dem er sich eigentlich befinden sollte, in der Ferne aber kaum zu erkennen ist.

Dies ist in *Schneesturm – Hannibal und seine Armee überqueren die Alpen*, das bereits 1812 entstanden ist (London, The Tate Gallery), oder in *Staffa, Fingals Höhle* von 1832 (Yale, Center of British Art) nicht anders als in weniger spektakulären Kompositionen wie z.B. dem Aquarell *Die Seine zwischen Mantes und Vernon*, das ebenfalls um 1832 entstanden ist (London, The Tate Britain). Immer wahrt Turner eine Distanz, die heute eher irritiert. Die Zeitgenossen allerdings hinderte dies nicht daran, sich in die dargestellte Szene hinein versetzt zu fühlen, wie eine Erzählung eindrucksvoll belegt, die John Ruskin überliefert. Demnach nahm Reverend William Kingsley einmal seine Mutter, die „nichts über Kunst weiß", mit in eine

Ausstellung von Werken Turners. Anders als geplant, blieb sie ausgerechnet vor *Schneesturm – ein Dampfer vor einer Hafeneinfahrt* stehen

> „und ich konnte sie kaum dazu bewegen, irgendein anderes Bild anzusehen; sie erzählte mir viel mehr darüber, als ich mir vorstellen konnte, obwohl ich viele Seestürme gesehen habe. Sie war während des Krieges bei solch einem Schauspiel an der holländischen Küste gewesen."[56]

Besonders auffällig tritt dieser Zug in dem Aquarell *Die Herren Reisenden auf ihrer Rückkehr aus Italien (Abb. 6)* hervor: Hier stellt Turner nicht allein das Ereignis – einen Unfall der Postkutsche in einer Schneewehe auf dem Mont Tarare – dar, sondern auch sich selbst, wie er vor der Szene sitzt und diese malt. Doch zugleich tritt er in der Wahl des Bildausschnitts so weit hinter sich zurück, dass die dunkle Rückenfigur seiner selbst nur als ferner Schatten zu erahnen ist.

Auch dies erscheint wie eine Abweichung *unserer* Sehgewohnheiten von denen, auf die Turner rekurriert. Wir würden einen wesentlich engeren Ausschnitt erwarten, um den Betrachter intensiver in das Geschehen einzubeziehen. Turner aber involviert den Betrachter auf andere Weise, denn dass sich auch der Zeitgenosse in das Geschehen hineinversetzt fühlte, statt in sicherer Distanz außen vor zu bleiben, zeigt die überraschende Reaktion der künstlerisch unvorbelasteten Mutter Kingsleys.

Wir müssen also bei der Beurteilung und Bewertung der künstlerischen Mittel vorsichtig sein. Die Wahl des Bildausschnitts beispielsweise war im Gegensatz zu *unserer* Reaktion offenbar durchaus in der Lage, *Nähe* herzustellen. Der Betrachter nimmt am dargestellten Geschehen unmittelbaren Anteil, wenn er in der Lage ist, dem Bildmotiv mit eigenen Erinnerungen zu begegnen. Die

Distanz, die *wir* in der Wahl des Ausschnitts empfinden, wird auf diese Weise offensichtlich wirksam überbrückt.

Komposition

Auch die Komposition erweist sich bei genauem Hinsehen als sorgfältig durchdacht, obwohl das Bild nachhaltig den Eindruck einer spontanen Momentaufnahme erweckt, als handle es sich um das zufällige Zusammentreffen mehrerer, bemerkenswerter Ereignisse in einem einzigen Augen-Blick.

Dass Turner nicht einfach abbildet, sondern mit dem Bild in die Wirklichkeit, wie sie vor seinem äußeren Auge steht, eingreift, haben wir gerade erst gesehen. Weder entspricht der Winkel, in dem die Brücken aufeinander zustreben, der Realität, noch stimmt der Verlauf der Themse, wie Turner ihn darstellt, oder die Ufer-Böschung mit der Wirklichkeit in Maidenhead überein.

Die Komposition steht durch ihre konzentrische Ausrichtung auf den Bildmittelpunkt ganz im Dienst der Erzielung der Wirkung von Geschwindigkeit. Aber Turner lenkt die Aufmerksamkeit kompositorisch nicht nur auf die Schnelligkeit der Dampfmaschine auf ihrem auffällig geraden Weg durch die Landschaft. Er teilt das Bild durch eine deutlich sichtbare Horizontale auch in eine obere und eine untere Hälfte.

Die gesamte obere Hälfte des Bilds wird durch nichts anderes eingenommen, als durch Wolken, Himmel und nicht zuletzt den Regen, der vom Wind von rechts nach links über die Landschaft getrieben wird.

Turner konnte sich leidenschaftlich für Wetterphänomene begeistern. Es sind zahlreiche Anekdoten bekannt, die ihn beschreiben, während er das Wetter beobachtet. Im Zusammenhang von *Schneesturm – ein Dampfer vor einer Hafeneinfahrt* (*Abb. 5*) riskierte er dafür sogar sein Leben, wie wir gesehen haben.

Leopold Martin, Sohn des Malers John Martin (1789–1854), hatte einmal das unverhoffte Glück, gemeinsam mit seinem Vater in Turners gewöhnlich streng geheim gehaltenes Haus in den Cremorne Gardens ganz im Westen Londons eingeladen zu werden. Dort hatte Turner aus einem Fenster – „seinem einzigen Fenster", wie Martin später erzählte – einen weiten Blick auf die Themse, und auf diese wies er seine Besucher „mit sichtlichem Stolz" hin

> „und sagte: ‚Hier sehen Sie mein Studio – Himmel und Wasser. Sind sie nicht großartig? Hier bekomme ich meine Lektionen Tag und Nacht.'"[57]

Martin und sein Sohn fanden den Blick „sicherlich sehr schön", aber durchaus nicht besonders bemerkenswert. Sie konnten Turners Begeisterung nicht nachvollziehen – ganz offensichtlich handelte es sich um die Begeisterung eines Fachmanns, eines Spezialisten für Phänomene, die für den ‚gewöhnlichen' Zeitgenossen unsichtbar blieben.

Während einer Zugfahrt von Exeter in Richtung London öffnete Turner sogar das Fenster des Zugabteils und forderte seine ihm gänzlich unbekannte Mitreisende, eine Lady Simon, auf, das Unwetter zu betrachten, das in diesem Augenblick über die Landschaft zog.

> „Es war stürmisches Wetter und nach und nach fegte ein gewaltiger Sturm über das Land, verdeckte die Sonne und den blauen Himmel und hängte sich wie ein Leichentuch über die Landschaft."

So soll Lady Simon sehr viel später angesichts von *Regen, Dampf und Geschwindigkeit* erzählt haben.

„Der ältere Herr schien davon sonderbar erregt zu sein, sprang auf, um das Fenster zu öffnen, streckte seinen Kopf hinaus, und schließlich forderte er sie auf, zu kommen und eine eigentümliche Wirkung des Lichts zu betrachten. Ein Zug kam ihnen in der Dunkelheit über eine von Brunels Brücken entgegen, und die Wirkung der Lokomotive, angeleuchtet durch die karmesinrote Flamme und gesehen durch den heftigen Regen und den wirbelnden Sturm, gab einen besonderen Eindruck von Kraft, Geschwindigkeit und Spannung."[58]

Die Erregung, das Aufspringen, das Öffnen des Fensters, die Aufforderung an eine ihm fremde Dame, das Unwetter zu beobachten – eigentlich brauchen wir diese Hinweise nicht, um auf Turners Faszination durch Wetterphänomene aufmerksam zu werden, wenn wir nur die Komposition des Bilds *Regen, Dampf und Geschwindigkeit* ernst nehmen: Abgesehen von der ‚rasenden‘ Eisenbahn in der unteren Bildhälfte ist das Wetter *das* Thema des Bilds.

Lichtführung

Die Frage der Lichtführung ist angesichts von *Regen, Dampf und Geschwindigkeit* kaum nur auf herkömmliche Weise im Sinn von ‚wo kommt das Licht her, worauf weist es hin?‘ zu verstehen.

Das Licht war für Turner zeit seines Lebens ein, wenn nicht *das* zentrale Thema seiner Malerei. Wenn man so will, kann man das gesamte Werk Turners als ein einziges, umfassendes Ringen um die Darstellbarkeit des Lichts verstehen. Dabei wird das Licht in diesem Werk immer mehr zu einem Medium, das die Wirklichkeit nicht etwa von außen beleuchtet, sondern sie durchdringt. Seine Bilder wurden im Laufe der Zeit zu „Überlagerungen hauchdünner Farbhäute", die „die Atmosphäre einer von Licht durchdrungenen, lebendigen Natur erzeugen."[59]

Wie sehr er dabei bis in seine letzten Lebensjahre auf der Suche blieb, zeigt nicht zuletzt die Tatsache, dass er noch gegen Ende seines Lebens viel Zeit im Atelier des Fotographen John J. E. Mayall (1813–1901) verbrachte, von dessen „kongenialer Gesellschaft" er sich anregen ließ. „Zunächst wußte Mayall nicht, wer er war, fühlte sich aber ‚von seiner wißbegierigen Veranlagung sehr beeindruckt'", wie der Fotograph später berichtete.

> „Ich erzählte ihm gewissenhaft alles, was ich damals über die Wirkungen des Lichtes auf jodierten Silberplatten wußte. Er kam immer wieder, stets mit irgendeiner neuen Meinung über das Licht."[60]

Wie wichtig es ihm dabei war, dass die von ihm in seinen Bildern erzeugte Wirkung des Lichts vom Betrachter auch wahrgenommen wurde, erhellt wiederum eine Geschichte, nach der Besucher, die sein Atelier betraten, „mit überraschenden Maßnahmen konfrontiert" wurden. Um sich auf die Begegnung mit den Bildern vorzubereiten, mussten sie zunächst einige Minuten lang in einem völlig abgedunkelten Raum warten, um die Augen, die sich an die Helligkeit der Außenwelt angepasst hatten, insoweit zu sensibilisieren, dass sie, wie Turner selbst erklärte, auch die feinen Farbnuancen in der Malerei wahrnehmen konnten.[61] – Es ist angesichts der heutigen Sehgewohnheiten kaum nachvollziehbar, was ein derart vorbereitetes Auge auf einem Bild wie *Regen, Dampf und Geschwindigkeit* zu sehen in der Lage wäre.

Der Bildausschnitt ist mit Wolken, Dunst und Regenschwaden überzogen, deren unterschiedliche Konsistenz verschieden weite Durchblicke ermöglicht. Sie alle werden von hinten beleuchtet durch eine hochstehende Sonne, die unterschiedlich stark durch die Feuchtigkeit der Luft hindurchdringt oder von einzelnen, leuchtend-hellen Wolken sogar eingefangen zu werden scheint. Einzelne, offenbar dickere Wolkenschwaden hindern sie auf ihrem Weg auf den Boden und färben sich dunkler, wogegen andere, geradezu grell erstrahlende Wolkenformationen umso heller wirken.

Auch dem Kommentator des *Fraser's Magazine* fiel auf, dass dieser Lichteffekt nicht allein durch die Wahl der Farbe, sondern auch durch ihren Auftrag erzielt wurde. Auf diese Weise wirkt der Regen an vielen Stellen, als wäre er tatsächlich durchdrungen von Sonnenlicht, das sich prismenartig in jedem einzelnen Tropfen bricht. Es entsteht ein geradezu irisierendes Licht, das in allen Farben des Regenbogens, in jedem Fall: höchst lebendig zu schillern scheint.

Links unterhalb des Viadukts allerdings, am gegenüberliegenden Flussufer, wird der Dunst durch die dahinter liegende, leicht von oben gesehene Landmasse gewissermaßen vom Licht abgeschnitten und dunkel gefärbt. Dagegen stehen zwei säulenartige Gebilde aus dem von Turner so geliebten Chromgelb. Im Kontrast zu dem weiß erscheinenden Sonnenlicht erzeugt dieses Gelb eher den Eindruck von künstlichem Licht, als würden hier große Feuer brennen, vor denen oder um die herum die ‚Tanzenden' eine archaische Szene bilden.

Der peitschende Regen, den Turner zum Teil mit verwischten Farbspuren dargestellt, zum Teil aber auch mit dem Palettmesser oder mit einem Pinselstil in die Farbe hinein gekratzt hat, unterstützt die Wirkung des irisierenden, sich gleichfalls bewegenden Lichts im Bild und korrespondiert auf diese Weise mit jener Bewegung, die vor allem durch das fast dramatisch von rechts vorn

in das Bild hinein fluchtende Viadukt und den sich darüber bewegenden Zug erzeugt wird.

Und so verwundert es nicht, wenn der Kritiker des
Fraser's Magazine im Juni 1844 enthusiastisch schreibt,
Turner habe mit diesem Bild

> „fast alle früheren Wunder übertroffen. Er hat ein Bild ge-
> macht mit wirklichem Regen vor wirklichem Sonnenschein
> und jeden Augenblick erwartete man einen Regenbogen.“[62]

Ganz offensichtlich ist Turner also etwas gelungen,
das weder Géricault noch Meissonier geschafft hatten:
einen Naturausschnitt so darzustellen, dass er nicht erstarrt und tot wirkt, sondern äußerst lebendig einschließ-
lich der vielen Bewegung, die diesen Ausschnitt und den
Augenblick prägt.

AUS KUNST WIRD LEBEN

Für die Kunstbetrachter der Zeit um 1800 ging es *auch* um die Richtigkeit und Glaubwürdigkeit der Darstellung. Aus heutiger Sicht mag dies eher als ein handwerklicher Aspekt erscheinen, der im Zusammenhang moderner Kunst kein Kriterium für Kunst mehr ist, aber die zeitgenössische Kritik sah dies zum Teil anders: Sie pries an Turners „etwas neuartige[m] Stil" nicht zuletzt die Nähe seiner Darstellungsweise zur sicht- und erlebbaren Wirklichkeit. So heißt es angesichts des ersten, erhaltenen Ölbilds Turners, des bereits 1796 entstandenen Seestücks *Fischer zur See* (*Abb. 7*) in einer Kritik:

> „Die Schiffe schwanken und schwimmen gut, und der Wellengang des Elements ist bewundernswert vorgetäuscht."[63]

Dabei geht es dem Kritiker nicht allein um Mimesis, also um die penible Nachahmung der Wirklichkeit. Für ihn ist der ungewohnte Stil Turners Zeichen für einen „wißbegierige[n] Geist", der sich – was offenbar alles andere als selbstverständlich ist – durch eine ungewöhnliche und überzeugende „Kraft der Vergegenwärtigung" auszeichnet.

Suggestion also, Vergegenwärtigung: Schon die zeitgenössische Kritik erkannte, in welchem Maß sich Turners Kunst dadurch auszeichnet, dass sie dem Betrachter nicht einfach etwas präsentiert, das ihn wie eine Hintergrundmusik nicht weiter berührt, sondern dass sie ihn stattdessen erreicht und betrifft, in seine Gegenwart und sein Empfinden hinein reicht und etwas mit ihm tut. Turners Bilder setzen Assoziationen frei, die man mit den einzelnen Bildern einer Filmrolle vergleichen könnte. Die Bilder geraten in Bewegung, verselbstständigen sich, eine Geschichte gerät in Gang, von der selbst der Maler nicht wissen kann, wie sie enden wird, zumal der Betrachter in sie involviert ist: Er sieht nicht nur von außen auf eine Szenerie, die in einer anderen Welt angesiedelt ist und von der er durch einen Schnappschuss oberflächliche Kenntnis erhält, sondern er befindet sich gemeinsam mit den Fischern *(Abb. 7)* in ihren schwankenden Booten auf einer hochgehenden See und sieht mit ihnen den gespenstisch zwischen den Wolken erscheinenden Vollmond.

Sämtliche älteren Seestücke krankten an dem gleichen Mangel, an dem auch die Darstellung von Bewegung krankte: Sie wirkten wie erstarrt. Selbst auf Bildern, die den dramatischsten Augenblick eines Schiffbruchs zeigen, wie Claude-Joseph Vernets *Schiffbruch* von 1759 (*Abbildung gegenüberliegende Seite*), hängt die vom Felsen abspritzende Gischt ebenso reglos in der Luft, wie es die Vögel in der eigentlich sturmgepeitschten Luft tun. Das verzweifelt gegen Wind, Strömung und die drohende Leeküste* ankämpfende Schiff am rechten Bildrand ist trotz des Aufruhrs der Elemente in allen Details so sorgfältig gemalt, dass sich der Liebhaber oder Kenner in aller Ruhe der Betrachtung widmen, sich in diesen Details verlieren und den Sturm und das drohende Verhängnis schlichtweg vergessen kann. Vor diesem Hintergrund ist die Begeisterung des Kritikers Anthony Pasquin gut zu verstehen, der auf Turners Bild *Fischer zur See* „die Schiffe schwanken und schwimmen sieht" und im Wellengang einen Vorgang zwar vorgetäuschter, aber doch überzeugender, spürbarer Bewegung wahrnimmt.

In *Regen, Dampf und Geschwindigkeit* schließt sich der Kreis von jenem ersten Ölbild zu einer Synthese aller Erfahrungen, die Turner im Lauf seines langen Künstlerlebens gesammelt hat. So ist an der Lokomotive eine Variation des Themas von 1796 zu erkennen, die sich

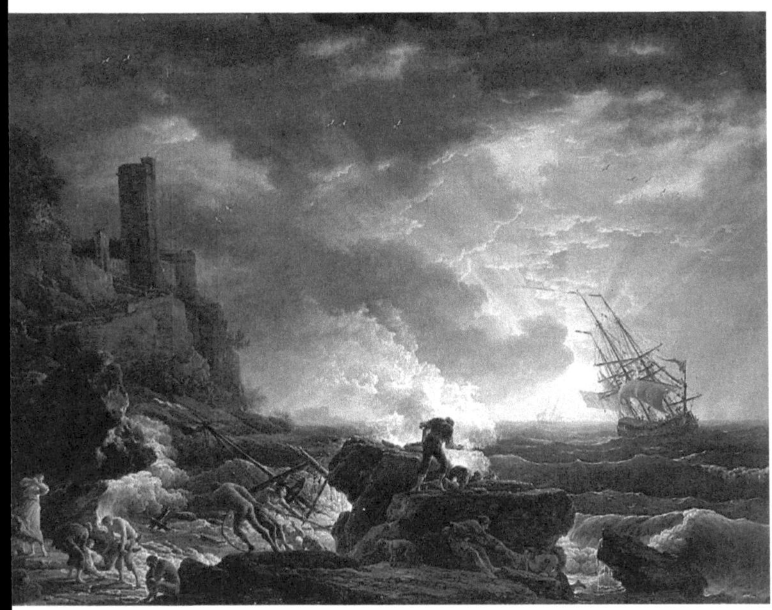

Claude-Joseph Vernet, Schiffbruch, 1759;
Brügge, Groeningemuseum

von der klassischen – vielmehr: klassizistischen – Darstellungsweise löst und die künstlerischen Mittel wesentlich erweitert. Der springende Punkt dabei ist, dass Turner die Bindung an die Darstellung *des Gegenstands* aufgibt und sich auf die *Wahrnehmung* konzentriert: Man sieht ja in einem solchen Augen-Blick tatsächlich nur schemenhaft, mit nur einem, klar erkennbaren Punkt innerhalb des Blickfelds, der so scharf und nicht zuletzt farblich so stark aus den umgebenden Schemen hervortritt, wie im Bild der Schornstein der Lokomotive. Alles andere innerhalb dieses Blickfelds erscheint unscharf und auch farblich diffus, wird in diesem Fall zudem noch durch den peitschenden Wind, der den Regen und die Wolkenfetzen vor sich her treibt, verzerrt. Nicht mehr die Gegenstände, sondern die Struktur der Bewegung des durch das Blickfeld getriebenen Regens, eigentlich also die Struktur der Luft, einer von Wind, Licht, Dunst und Regen durchdrungenen Atmosphäre sind es, die den Maler interessieren, einer Atmosphäre, in der die Elemente in zum Teil wilde und ungezügelte, zum Teil künstlich hervorgebrachte Bewegung geraten sind. Und um die Wirkung, die das Phänomen in der Natur auf ihn hatte, in einem Gemälde wiederzugeben, löste sich Turner von althergebrachten Darstellungskonventionen – etwa: mit minutiösem Fleiß jedes Detail gewissenhaft auszuführen – und entwickelte stattdessen gänzlich neue, künstlerische Mittel, die besser in der Lage zu sein schienen, den Eindruck des Naturphänomens während der Betrachtung des Bilds nachvollziehbar werden zu lassen. Dazu zählte das ,Aufklatschen' der Farbe auf die Leinwand, so dass sich Tropfen oder Klumpen bilden, oder das Einkratzen von Strukturen in die noch feuchte oder halbtrockene Farbe. Wie im Zusammenhang der Regeln der Linearperspektive kümmerte Turner sich auch hier nicht um die akademische Lehre, sondern suchte kreativ und im bewussten Wettstreit mit seinen Malerkollegen nach Mitteln, die vor allem anderen dem Eindruck in der Wirklichkeit entsprachen.

Paradigmenwechsel der abendländischen Kunstgeschichte

Dieser Vorgang steht wie kaum ein anderer für den grundlegenden Wandel innerhalb der künstlerischen Praxis und der gesamten, abendländischen Kunstgeschichte in der ersten Hälfte des 19. Jahrhunderts, der die Schwelle zur Moderne in der Kunst markiert:

Die älteren, konventionell arbeitenden Maler waren an der für richtig geltenden Wiedergabe der *Gegenstände* interessiert. Sie bemühten sich mit quasi-dokumentarischem Interesse um eine – im Wortsinn – objektive, d.h. gegenstandsbezogene Art der Darstellung. Selbst um den Preis der Unnatürlichkeit wurde beispielsweise Bewegung zum Stillstand gebracht, denn es war nicht Bewegung, die dargestellt werden sollte, sondern ein Gegenstand/ein Tier *in* Bewegung.

Turner indessen – und darin bildet er gewissermaßen die Inkarnation der Modernen Kunst – wendet sich von der (ohnehin nur scheinbaren) Objektivität der Gegenstandsdarstellung ab und dem Subjekt, dem Betrachter zu und bezieht dabei die Bedingungen und Möglichkeiten der Wahrnehmung mit ein. Aus dem darzustellenden Gegenstand wird die künstlerische Suggestion eines Erlebnisses.

Bei einer Formulierung wie dieser liegt es wiederum nahe, an Kunstformen zu denken, die erst lange nach dem Zeitalter William Turners die Geschichte der Kunst geprägt haben. In diesem Fall geschieht es sogar erst in der zweiten Hälfte des 20. Jahrhunderts: mit den schon erwähnten *performative arts*, den *Happenings* der 1960er und -70er Jahre.

Indessen wählte schon Turner Formen der Einbeziehung des Betrachters, die weit über das hinausgingen, was der Betrachter in der ersten Hälfte des 19. Jahrhunderts gewohnt war.

Bild und Betrachter

Nun war der Betrachter bereits seit Jahrhunderten von den Künstlern immer wieder angehalten worden, über die Grenze zwischen dem Kunstwerk und dem Raum *vor* dem Kunstwerk, zwischen *Bild*-Raum und *Betrachter*-Raum und damit über das Verhältnis von Bild und Betrachter nachzudenken. Bereits im frühen 15. Jahrhundert war diese Grenze malerisch thematisiert und auf subtile, aber umso spektakulärere Art überschritten worden, indem beispielsweise Licht aus dem Betrachterraum in den Bildraum hinein fiel: Am Genter Altar der Gebrüder Hubert und Jan van Eyck (fertiggestellt 1432; *Abbildung gegenüberliegende Seite, oben*) wirft der die Bildtafel teilende Bildrahmen, der vom Licht im *Betrachterraum* angeleuchtet wird, deutlich sichtbare Schatten *in den Bildraum hinein*. Der Bildrahmen wird zu einem buchstäblich aufgefassten Fenster- oder Türrahmen, der für das reale Licht im Raum *vor* dem Bild durchlässig wird und auf diese Weise die Schwelle zwischen dem Raum *vor dem Bild* und dem Raum *im Bild* zwar markiert, sie zugleich aber eben auch durchlässig macht – ein Vorgang, der den aufmerksamen Betrachter gleichermaßen zum Staunen und zum Nachdenken anregen wird (hier geht es nicht allein um kunsttheoretische, sondern ebenso um theologische Zusammenhänge).

Und im folgenden Jahrhundert überschreitet der unter dem Namen Matthias Grünewald bekannte Maler Mathis Gothard Nithard (1470–1528) in der *Kreuzigung* am Isenheimer Altar (*Abbildung gegenüberliegende Seite, unten*) die Grenze nun von hinten, vom Bildraum her, indem er das Kreuz, an dem Christus hängt, so nahe an den vorderen Bildrand heranrückt, dass der gemalte Körper des Gekreuzigten aus bildlogischen Gründen *vor* der Bildtafel, also *im realen Betrachterraum* hängen muss.[64]

Die Möglichkeiten der Einbeziehung des Betrachters innerhalb der abendländischen Kunstgeschichte waren, wie diese Beispiele zeigen, auch lange vor dem Beginn der Moderne um 1800 bereits zahlreich und wurden durch alle Jahrhunderte hindurch genutzt. Das beginnt bei eher

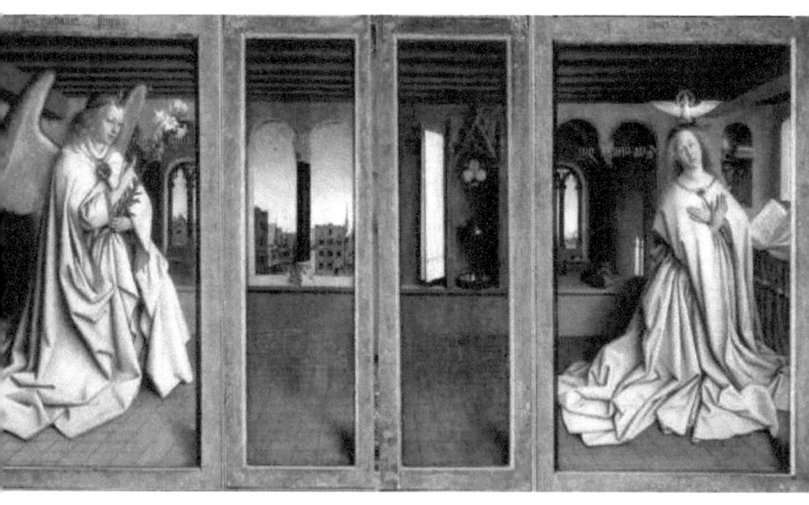

Hubert(?) und Jan van Eyck, Genter Altar –
geschlossener Zustand: Verkündigung an Maria,
Fertigstellung 1432; Gent, S. Bavo

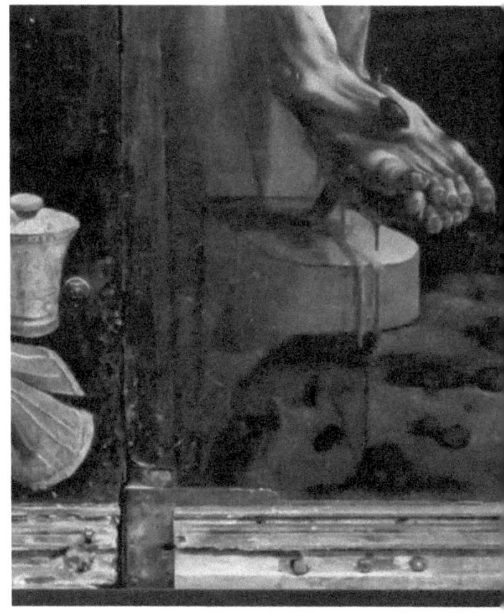

Mathis Gothard Nithard,
genannt Grünewald,
Isenheimer Altar –
Werktagsseite:
Kreuzigung Christi (Detail),
zwischen 1512 und 1516;
Colmar, Unterlinden-
Museum

logischen, nur auf subtile Weise wahrnehmbaren Formen
und hört bei dem häufig zu beobachtenden, einfachen
Blickkontakt einer Figur *im* Bild mit dem Betrachter *vor*
dem Bild noch lange nicht auf.

Turner nimmt sich dieser Frage innerhalb seines
Œuvres nur an wenigen Stellen ausdrücklich an. Das Bild,
in dem er es wohl am radikalsten tut, ist das 1828 in Rom
entstandene, für die Akademieausstellung 1837 überarbei-
tete Ölbild *Regulus* (*Abb. 8*) – jedenfalls wenn jene Stimmen innerhalb der Forschung recht haben, die darin nicht
etwa die Einschiffung des römischen Feldherrn und
Konsuls Marcus Atilius Regulus († um 250 v. Chr.) vor
seiner Fahrt nach Karthago sehen, sondern vielmehr den
Hafen von Karthago, gesehen mit den Augen des Regulus, nachdem ihm die Augenlider abgetrennt worden sind.

Auf den ersten Blick gleicht das Gemälde einem der
Bilder Claude Lorrains, von dem sich der Grundentwurf
– ‚Hafenszene bei auf- oder untergehender Sonne‘– ableit-
en lässt. Entsprechend wird von den meisten Interpreten
nach einer Figur gesucht, die Regulus darstellen soll.[65]
Eine solche gibt es auf dem Bild jedoch nicht. Keine
dargestellte Figur ist von Turner deutlich genug gekenn-
zeichnet, um in ihr mit einiger Gewissheit den namenge-
benden Protagonisten und damit die zu erwartende Szene
erkennen zu können. Wenn wir – wiederum – das Bild
ernstnehmen, müssen wir daher mit der Möglichkeit
rechnen, dass Regulus im Bild nicht zu sehen ist! Vielmehr sehen wir einen Blick auf einen Hafen, der, gerade
im Vergleich zu den Werken Claude Lorrains und Turners früherem Bild *Dido erbaut Karthago* (1815; London,
National Gallery), in höchst auffälliger Weise überflutet
ist von gleißendem Licht. Ganz anders als bei den Vor-
bildern wirkt dieses Licht nicht etwa verklärend, sondern
vor allem grell: es trübt den Blick auf die Hafenanlagen,

und der Betrachter muss sich regelrecht überwinden, direkt hineinzusehen, da er intuitiv befürchtet, von ihm geblendet zu werden.

Und wenn er dennoch hinsieht, fällt es ihm schwer, überhaupt etwas zu erkennen. Alles, worauf sein Blick fällt, leitet diesen weiter. Die gesamte Komposition drängt auf jenen Punkt im Hintergrund des Bilds zu, von dem das gleißende Licht ausgeht. Doch sehen wir hier nicht etwa, wie es in älteren Bildern gelegentlich geschah, eine strahlende Erscheinung im Sinn einer göttlichen Epiphanie. Stattdessen vollzieht der Betrachter in der Betrachtung des Bilds nach, was der römische Feldherr in seinem Karthagischen Exil, nach dem Erleiden seiner Strafe erlebt: Der Blick wird vom gleißenden Licht angezogen, doch es ist nichts darin zu erkennen und der Betrachter versucht ängstlich, den Blick abzuwenden; indessen wird er von allem, was das Bild zeigt, unweigerlich zur Quelle des Lichts – und damit zur (glücklicherweise nur imaginären) Gefährdung seiner Sehkraft – zurückgezogen.

Für den seiner Augenlider beraubten Regulus führte dies der Legende zufolge zur Erblindung. Das Bild aber vermittelt auf kaum überbietbare Weise die Unausweichlichkeit dieser Verstümmelung, denn es *erzählt* nicht nur die Geschichte, so wie es ein Text tut, und *beschreibt* nicht etwa die Konsequenzen, die sich aus der Folter ergeben, sondern es macht die auf intellektuellem Weg kaum begreifliche Unausweichlichkeit dieses Schicksals affektiv nachvollziehbar.

Auch in *Regen, Dampf und Geschwindigkeit* geht es Turner nicht um eine romantische Vedute*, angereichert durch das revolutionär moderne Element des Wunders der Dampfmaschine, oder um die Darstellung einer intellektuell fassbaren Allegorie – Industrialisierung *versus* Natur –, die durch den Wettlauf zwischen Maschine und Hase symbolisiert würde. Ebensowenig geht es ihm um die bloße Erinnerung an ein Ereignis, das er mit einer ihm unbekannten Lady in einem Eisenbahn-Coupé geteilt hatte, selbst wenn die betreffende Dame dies beim Anblick des Bilds so empfunden haben sollte.[66]

Turner, der leidenschaftlich *sah*, bemühte sich in seinen Bildern darum, die Darstellung nicht auf die Widergabe äußerlich wahrnehmbarer Fakten zu reduzieren. Vielmehr bezog er, ganz ähnlich wie Victor Hugo es in seiner Beschreibung eines Blicks aus dem Fenster eines fahrenden Zugs tat (vgl. S. 52), die Komplexität des Vorgangs der Wahrnehmung in seine Darstellung mit ein:

> „Die Blumen am Feldrain sind keine Blumen mehr, sondern Farbflecken“,

hatte Hugo es formuliert und Turner macht konsequent ernst mit dieser Beobachtung. Beide waren fasziniert von dem Phänomen der Veränderung der Wahrnehmung durch die Geschwindigkeit, mit der sich der Wahrnehmende durch die Landschaft bewegt, und bemühten sich, diese Erfahrung künstlerisch zu verarbeiten. Für Turner konnte es daher keine größere Anerkennung geben, als dass ein von kunsthistorischem Vorwissen unvorbelasteter Betrachter vor seinem Bild stehen blieb und sagte: „So war's! So habe ich es erlebt!“

IM SEHEN VERSUNKEN

Im ersten Band von *Modern Painters* bietet John Ruskin die höchst ansprechende Beschreibung eines Bilds, über dessen Stil er schreibt:

> „Keine Linie ist ausgeführt, keine Einzelheit deutlich zu erkennen. Breite, nasse Pinselstriche, zufällig hingespritzt wie von der Natur selbst; immer treu, Wissen verratend, ohne es auszusprechen, alles suggerierend, ohne etwas darzustellen.“[67]

Allerdings beschreibt Ruskin hier nicht ein Bild von William Turner, sondern eines seiner Nachahmer, des englischen Landschaftsmalers Copley Fielding (1787–1855), und es ist nicht das gesamte Bild, das von Fielding in dieser Weise gestaltet wurde. Einzelne Motive „weit hinten in der gebirgigen Ferne“ gab er durchaus klar konturiert wieder, so dass „Nachdruck und Ausführung des Bildes“ in diesen Hintergrund verlegt wurde. Der Betrachter aber sei

> „gezwungen, in der Wüste der Berge vorwärts zu schreiten; dort muss er umherwandern, wo die Sonne sich über der weiten Heide Bahn bricht. Er darf nicht zögern, nicht über nahe Felsen stolpern und bei den ersten Schritten innehalten, um zu botanisieren …“

Interessanterweise ist diese Beschreibung an den – bekannteren – Werken Fieldings nicht ohne weiteres nachvollziehbar. Wohl aber an den Werken Turners.

Ruskin findet hier passende Worte für ein Phänomen, das zu den beschriebenen Phänomenen der Darstellung von Bewegung und der Kunst als Erlebnis noch hinzu tritt. Gemeint ist der Umstand, dass der Betrachter vor Turners Werken gewissermaßen *in Bewegung versetzt* wird.

Nicht in eine buchstäbliche, körperliche Bewegung, aber in eine innere, imaginative.

Der sich bewegende Betrachter

Dass sich der Betrachter tatsächlich vor dem Bild hin und her bewegen musste, war in der Zeit vor dem Beginn der Neuzeit, im frühen und hohen Mittelalter, durchaus noch üblich gewesen: An einer bemalten oder mit einem Bildteppich behängten Wand musste sich der Betrachter entlang bewegen, um die sukzessiv dargestellte Erzählung einer sakralen oder profanen Geschichte mitvollziehen zu können.

Das imposanteste Beispiel für einen Wandbehang, der sich bis heute erhalten hat, ist der berühmte, fast 70 Meter lange Bildteppich von Bayeux, der wohl an den vier Wänden einer geräumigen Halle gehangen hat; „er verlangt grundsätzlich ein Abschreiten im Raum", um die Geschichte Szene für Szene mitvollziehen zu können.[68]

Solche Wandbehänge wird es im Mittelalter – wenn auch wohl nicht in dieser Größe – viele gegeben haben.

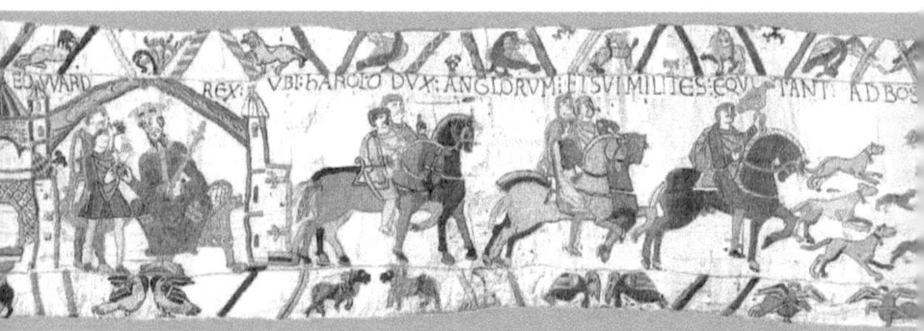

Bildteppich von Bayeux (Detail; Anfang), um 1070
(Höhe: zwischen 48 und 53 cm; Länge: ca. 68 m);
Bayeux, Centre Guillaume le Conquérant

Nicht zuletzt sind auch gemalte Bilderzyklen an Kirchenwänden mit Szenen aus dem Leben Jesu, der Gottesmutter oder von Heiligen hier zu nennen. „Der Ablauf der Bilderfolge und der Texte hält auch den Betrachter in Bewegung, weil sich die Erzählung nur in der Bewegung [...] erfüllt." Der Mediävist Horst Wenzel, Spezialist eigentlich für mittelalterliche Literatur, bezeichnet diese Form der Wahrnehmung als ‚kinästhetisch'. Dies gilt nicht allein für einzelne Kunstwerke, sondern in ähnlicher Weise für den gesamten, mittelalterlichen Kirchenraum.[69]

Doch seit der Erfindung der so genannten Linear- oder Fluchtpunktperspektive – verkürzend häufig ‚Zentralperspektive'* genannt – im 15. Jahrhundert änderte sich diese Mobilität des Betrachters während der Betrachtung von Bildern und zugleich der kinästhetische Charakter der Kunstwerke. Um seit der Frührenaissance ein Bild richtig sehen zu können, musste der Betrachter nun an einem bestimmten Punkt vor dem Bild verharren, auf den die Konstruktion der Perspektive ausgerichtet war. Der Betrachter wird hier also gewissermaßen stillgestellt. Der Mathematiker und Architekt, zugleich einer der einflussreichsten Architektur- und Kunsttheoretiker der Frührenaissance, Leon Battista Alberti (1404–1472), macht dies in seiner Schrift *Della Pittura* ganz explizit.[70]

Dem fixierten Standort des Betrachters vor dem Bild entspricht die festgelegte *Bedeutung*, die ein Kunstwerk in der Frühzeit der abendländischen Kunstgeschichte durch seinen Auftraggeber erhielt. Auch diese ist gewissermaßen stillgestellt, auf eine ganz bestimmte, sehr konkrete Lesart des Bilds fixiert.

Wir haben bereits gesehen, dass sich mit dem Erlebnischarakter eines Kunstwerks seit dem Beginn der Moderne auch seine festgelegte Bedeutung wieder auflöst. Zugleich ist deutlich geworden, dass diese Öffnung des

Kunstwerks für eine assoziative, subjektive Deutung durch den Betrachter ein konstitutiver Bestandteil eines *modernen* Kunstwerks gegenüber seinem vor-modernen Pendant ist.

Ein modernes Kunstwerk *muss* offen sein, damit es einer Zeit entspricht, in der es statt einer verbindlichen Welterklärung nur noch subjektive Weltanschauung gibt.

Der erlebende Betrachter

Das eigentlich Bemerkenswerte an der am Beginn dieses Kapitels zitierten Passage aus *Modern Painters* ist daher nicht die Tatsache, dass Ruskin einen Sinn in der unfertig wirkenden Art der Darstellung von Bildern Fieldings oder Turners findet. Bemerkenswert ist vielmehr, wie suggestiv der gewöhnlich um Sachlichkeit und kunsthistorische Professionalität bemühte Ruskin das beschriebene Bild auf sich wirken lässt: In seiner Beschreibung betritt er den Bildraum und wandert darin umher. Zugleich warnt er seinen imaginären Begleiter, der eigentlich sein Leser ist, davor, zu zögern, über Felsen zu stolpern oder zu botanisieren. Gerade diese letzten beiden Hinweise zeugen davon, wie unmittelbar ereignishaft er seinen Spaziergang durch den Bildraum versteht. Hier ist jede Distanz des auf intellektuelle Entschlüsselung konzentrierten Betrachters aufgegeben. An die Stelle der Deutung tritt das Erlebnis. Dessen Ergebnis aber ist prinzipiell offen und allein vom Betrachter – der nun nicht mehr Betrachter im Sinn eines passiv bleibenden Konsumenten, sondern Teilnehmer/Akteur ist – zu bestimmen. Der Maler, so legt es diese Beschreibung nahe, will nicht mehr *,etwas sagen'*, sondern er *ermöglicht* etwas, und dieses ist in seinem Vollzug wie in seinem Ergebnis fast vollständig in die Verfügungsgewalt des Betrachters gelegt.

Schon in der zitierten Passage über die Pfütze am Wegrand (S. 42–44) war deutlich geworden, wie sehr Ruskin nicht allein angesichts moderner Kunst, sondern sogar angesichts von Welt-Deutung und damit Sinn-Suche jeden einzelnen, selbstständig denkenden Menschen in die Pflicht nimmt:

> „Es ist in dein Belieben gestellt, ob du den Unrat der Straße oder das Bild des Himmels darin [in der unscheinbaren Pfütze] erschaust."[71]

Hinter all den Beobachtungen, die Ruskin über Wahrnehmung und Deutung macht, steht seine Überzeugung von der Andersartigkeit William Turners. Wenn der (gewöhnliche) Mensch, wie er es in *Modern Painters* konstatiert, dazu neigt, in vorgegebenen Bahnen zu *denken*, und der (‚klassische‘) Maler entsprechend gemäß bestimmter, kultureller Prägungen *sieht*, so bricht Turner aus diesen Rastern aus und beobachtet selbst alltäglichste Phänomene wie das Wetter, als entdeckte er sie in jedem Augenblick neu.

Zu diesen Phänomenen gehören der Himmel und die Wolken. Niemand, so schreibt Ruskin, auch nicht die Maler, würde jemals Wolken richtig, gemeint ist: unvoreingenommen, ansehen. Was die Künstler bisher daraus gemacht, wie sie sie in ihren Bildern umgesetzt haben, sei „konzentrierte Falschheit". Denn

> „niemand wird irgendwie die Formen und Größenverhältnisse der Wolken realisieren, der nicht hinausgeht und Schritt vor Schritt ihre zerrissenen, zerborstenen Abhänge hinan klettert."[72]

Das aber hätten selbst die unumstrittenen, künstlerischen Autoritäten der Zeit – Claude Lorrain, Nicolas Poussin (1594–1665) und Salvator Rosa (1615–1673) –, die in den

Akademien und Ateliers gesessen und Malbücher und Gemälde studiert hätten, nicht getan. Man solle nur vor ihre Bilder treten „und denselben Raum und die gleiche Unendlichkeit von ihnen fordern", die man in der Natur, am Himmel über den Wolken findet. Man werde sie dort nicht antreffen.

> „Ist in einem Werk aber ein Ausdruck von Unendlichkeit sichtbar, so entstammt er der Natur. Nehmen wir aber nur Wiederholung wahr, oder fehlt jede Spur der Unendlichkeit, dann ist die Natur nicht befragt worden."[73]

Die Natur befragen

,Die Natur befragen' – das wird, Ruskins Darstellung zufolge, zur Haupttätigkeit Turners. Als zweiter Schritt folgt die Umsetzung in Malerei, deren Neuartigkeit, wie wir gesehen haben, bereits die zeitgenössische Kritik bemerkt und zum Teil bewundert hat.

Dabei geschieht diese Befragung nicht in der gleichen Weise, wie es beispielsweise die seit den 1820er Jahren entstehende Fotographie tut.[74] Die neuartigen Verfahren der technischen Abbildung der sichtbaren Wirklichkeit mit Hilfe chemischer Reagenzien stellten den Sinn von malerischen Verfahren zwischenzeitlich ja grundsätzlich in Frage. Aber es wird trotz aller Faszination der mechanischen Bildgebung ebenso deutlich, dass ein ,Schnappschuss' oder selbst die sorgfältig hergestellte Fotographie einer Landschaft oder ein Porträt, bei dem der Abgebildete minutenlang stillsitzen muss, in seinem Ergebnis keineswegs wirklichkeitsgetreuer ist als ein ohne technische Hilfsmittel, von einem Künstler geschaffenes Gemälde. Dieses ist, wie die Gebrüder de Goncourt es formuliert hatten, „die Wirklichkeit gesehen durch die Persönlichkeit des Genies"[75], während die Fotographie – jedenfalls die jener Frühzeit – nichts als die seelenlose Reproduktion äußerlich sichtbarer Formen in einem ganz bestimmten, nicht selten künstlich herbeigeführten Augenblick ist. Diese Formen aber sind nur ein kleiner Teil der Wirklichkeit, die tatsächlich viel komplexer ist, und es ist nicht einmal in jedem Fall der bemerkenswerteste oder besondere Teil.

Vor diesem Hintergrund wird jene schon zitierte Formulierung Ruskins ganz besonders wichtig: Der große Maler oder der eigentliche Künstler male nicht, was er weiß oder an der Oberfläche der sichtbaren Wirklichkeit sieht, sondern er blicke „unter und hinter" die Oberfläche, so wie in Balzacs Erzählung *Das unbekannte Meisterwerk* der große Maler höher und weiter sieht als die anderen Maler. Wenn er das, was er dort wahrnimmt, in seine Kunstwerke einfließen lässt, entspricht das Ergebnis der Wirklichkeit mehr, als es die Erzeugnisse fotographischer oder filmischer Verfahren tun.

Auch Turner geht in seinen Werken über eine bloße Abbildung weit hinaus und bezieht die Komplexität der Wahrnehmung ein. Seine Art des Sehens und dessen Umsetzung in Malerei beschränkt sich nicht auf die äußerlich sichtbaren Merkmale, wie es bis zu diesem Zeitpunkt üblich war, wenn es nicht gerade um Idealisierung ging. Stattdessen bezieht er Aspekte der Suggestion und der Assoziation ebenso mit ein wie eine höchst subjektive Emotionalität.

Gerade *Regen, Dampf und Geschwindigkeit* hätte aufgrund der im Zuge der ‚Eisenbahn-Manie' auf ihrem Höhepunkt stehenden Faszination der Dampfmaschine und des Reisens mit der Eisenbahn zu einer möglichst wirklichkeitsgetreuen Abbildung dieses Faszinosums verleiten können. Zeitgenössische Bilder mit einem dem Turner'schen Bild vergleichbaren Betrachterstandort

präsentieren sich in einer Mischung aus Landschaftsidea-
lisierung und Genauigkeit der Wiedergabe technischer
Details.

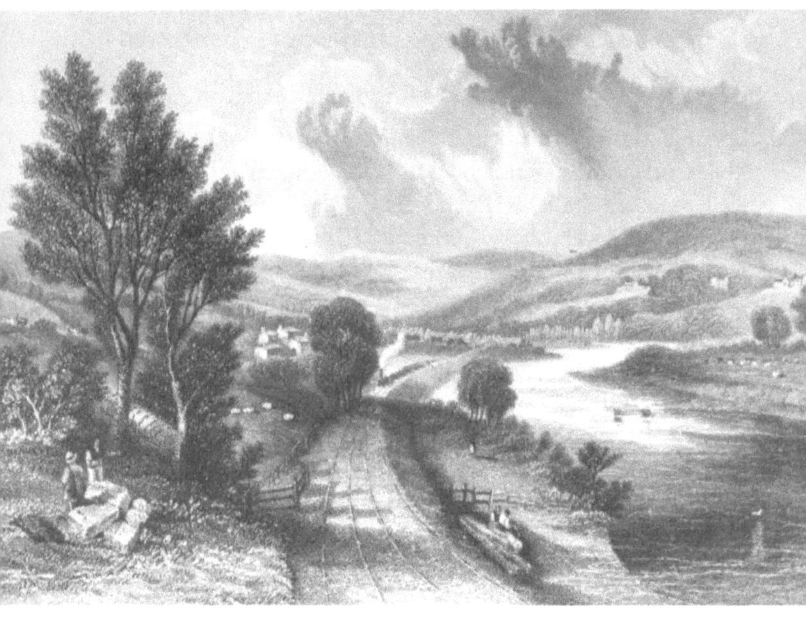

James Wilson Carmichael, Ridley Hall, 1836;
in: Views on the Newcastle and Carlisle Railway, 1836

Gerade im Vergleich zeigt sich, wie sehr Turner von diesem Schema abweicht. Regen, Dampf und Geschwindigkeit
wird vor diesem Hintergrund geradezu zum Paradebei-
spiel für Turners Verfahren, nicht konstativ, gewissermaßen dokumentierend oder nach konventionellen Vorga-
ben idealisierend vorzugehen, sondern performativ*: als
Ausgangspunkt für einen Vollzug oder ein Erlebnis, das

in der Betrachtung des Bilds imaginativ durchlebt werden kann.

Kaum sonst in der abendländischen Kunstgeschichte – jedenfalls nicht *vor* Turner – ist es gelungen, aus derartig prosaischen Phänomenen wie einem Regenschauer, dem Dampf aus einem Schornstein und dem Gedanken an Geschwindigkeit in ähnlich faszinierender Weise *Kunst* werden zu lassen.

Turners wichtigste Beschäftigung

Als William Turner am 19. Dezember 1851 starb, war dem eine kurze Phase vorausgegangen, in der er wegen seiner zunehmenden Gebrechlichkeit nicht mehr in der Lage gewesen war, zu malen oder zu zeichnen. Noch im Mai 1851 hatte er an einer Aquarellserie mit kontinentalen Bildmotiven gearbeitet, doch im August war er bereits zu krank gewesen, um Chelsea und sein Haus am Davis Place Nr. 6 noch zu verlassen.

Dieses Haus, das fast unmittelbar an der Themse lag, hatte er zuvor so umbauen lassen, dass eine geräumige Dachterrasse entstanden war. Von dieser aus konnte er auf den Fluss sehen und das Licht beobachten, wie es mit den Wolken und dem Wasser der Themse spielte. Hier, so wird erzählt, saß er in den letzten Wochen seines Lebens wie auf einer Aussichtsplattform, „auf das Wasser des Kanals oder der Themse starrend, Himmel- und Wolkeneffekte verfolgend". Andrew Wilton zufolge lassen diese Erzählungen

> „seine letzte Beschäftigung recht eigentlich als das Beobachten der Natur erkennen."[76]

Es mag nicht allein seine letzte, sondern zeit seines Lebens seine wichtigste Beschäftigung gewesen sein.

ANMERKUNGEN

In den Anmerkungen abgekürzt zitierte Literatur wird im Literaturverzeichnis (S. 104) aufgeschlüsselt.

1   DIEDRICHS 2017, S. 10f.

2   Bibel: Buch Genesis (1. Buch Mose), Kapitel 1, Vers 1–2 und Vers 4a.

3   Bibel: Buch Genesis (1. Buch Mose), Kapitel 1, Vers 26f.

4   Bernhard von Clairvaux, Epistula 190, IV,9; zit. nach Gerhard B. Winkler (Hg), Bernhard von Clairvaux, Sämtliche Werke lateinisch/deutsch, Innsbruck 1990–1998, Bd. 3, S. 74–121, hier S. 90–93.

5   Bernhard von Clairvaux, Epistula 190; wie Anm. 4.

6   *„Cogito ergo sum"* ist die verkürzende Zusammenfassung des ersten Prinzips der Philosophie Descartes', einer der Hauptaussagen der *Meditationes de Prima Philosophia* (1641). Dieses findet sich bereits im 1637 erschienenen *Discours de la Méthode* (Teil 4, Nr. 1 u. 3; Discours de la Méthode/Bericht über die Methode, Französisch/Deutsch. Hg. v. Holger Ostwald, Stuttgart 2001, S. 64f).

7   Bibel: Buch der Weisheit, Kapitel 11, Vers 20b.

8   Wie Anm. 4.

9   Erika Fischer-Lichte, Grenzgänge und Tauschhandel. Auf dem Wege zu einer performativen Kultur, in: Uwe Wirth (Hg), Performanz. Zwischen Sprachphilosophie und Kulturwissenschaften, Frankfurt am Main 2002, S. 277–300, hier S. 283.

10   Der Begriff des ‚Erhabenen' war von dem irisch-britischen Schriftsteller und Philosophen Edmund Burke (Über den Ursprung unserer Ideen vom Erhabenen und Schönen, 1726/²1757) in die Diskussion eingeführt und u.a. von Immanuel Kant (1724–1804) und Friedrich Schiller (1759–1805) aufgenommen und modifiziert worden.

11   RUSKIN 1843/BROICHER 1902, S. 120; vgl. dazu unten S. 44f, 83f.

¹² Victor Cousin, Du vrai, du beau et du bien, 1836.

¹³ Gottfried Boehm, Bildbeschreibung. Über die Grenzen von Bild und Sprache, in: Ders./Helmut Pfotenhauer (Hgg), Beschreibungskunst – Kunstbeschreibung. Ekphrasis von der Antike bis zur Gegenwart, München 1995, S. 23–40, hier S. 31.

¹⁴ Stefan Germer, Alte Medien – neue Aufgaben. Existenzbedingungen von Malerinnen und Malern, in: Deutsches Institut für Fernstudien an der Universität Tübingen (Hg), Funkkolleg Moderne Kunst. Studienbegleitbrief 2, Tübingen 1989, S. 11–46, hier S. 21–24. – Das Folgende in wesentlichen Zügen nach Germer.

¹⁵ Dorit Schäfer, Auf dem Weg zum ‚eigentlich Malerischen‘. Naturstudien aus den zwanziger und dreißiger Jahren, in: Staatliche Kunsthalle Karlsruhe (Hg), Viaggio in Italia. Künstler auf Reisen 1770–1880. Werke aus der Sammlung der Staatlichen Kunsthalle Karlsruhe, Berlin/München 2010, S. 172–183, hier S. 180.

¹⁶ Landschaftsstudien wurden zu dieser Zeit nur im Atelier ausgestellt, „als Souvenir und Quelle der Inspiration und Instruktion für seine Kollegen und Schüler wie für sich selbst"; Peter Galassi, Corot in Italien. Freilichtmalerei und klassische Landschaftstradition, München 1991, S. 3. – Corot hat nur ein einziges Mal eine Studie aus Italien (Blick auf das Kolosseum aus den Farnesischen Gärten, März 1826; Paris, Louvre) in einem Salon (1849) ausgestellt; ebd., S. 5.

¹⁷ WAGNER 2011, S. 26.

¹⁸ Zitiert nach WILTON 1987, S. 232.

¹⁹ WAGNER 2011, S. 8 u. 11.

²⁰ WAGNER 2011, S. 16.

²¹ J. C. Bourne, The History and Description of the Great Western Railway, Newton Abbot 1846, S. 36; das folgende Zitat („this celebrated bridge") ebd.

²² GAGE 1972, S. 11.

23   John Francis, A History of the English Railways. Its Social Relations and Revelations, Newton Abbot 1851, Bd. 1, S. 292; zit. nach GAGE 1972, S. 35.

24   Alle Angaben nach Sam Smiles, Rain, Steam, and Speed – the Great Western Railway exhibited 1844, in: KAT. LATE TURNER 2014, S. 162f.

25   Virginia Woolf, Tagebucheintrag vom 7. Januar 1920, abgedruckt in: Dies., Gesammelte Werke. Tagebücher, Bd. 2, 1920–1924, hg. v. Klaus Reichert, Frankfurt am Main 1994, S. 18.

26   Zitiert nach: WILTON 1987, S. 232.

27   George Dunlop Leslie, The Inner Life of the Royal Academy, London 1914, S. 144f.

28   GAGE 1972, S. 17, Abb. 4. Gage bringt als Vergleichsbeispiel die Abbildung eines flüchtenden Hasen auf einem Stich aus dem Jahr 1819 (William Turner, Battle Abbey; die Stelle, an der Harold starb, 1819; gestochen von W. B. Cooke; *Abb. unten*). Doch ist m.E. auch dieser Vergleich nur bedingt tauglich, die Gestalt des Hasen in *Regen, Dampf und Geschwindigkeit* sichtbar zu machen, zumal weder die nach vorn ausgestreckten Vorder- noch die Hinterbeine zu erkennen sind, die im Stich gerade den Eindruck von rasender Geschwindigkeit erzeugen.

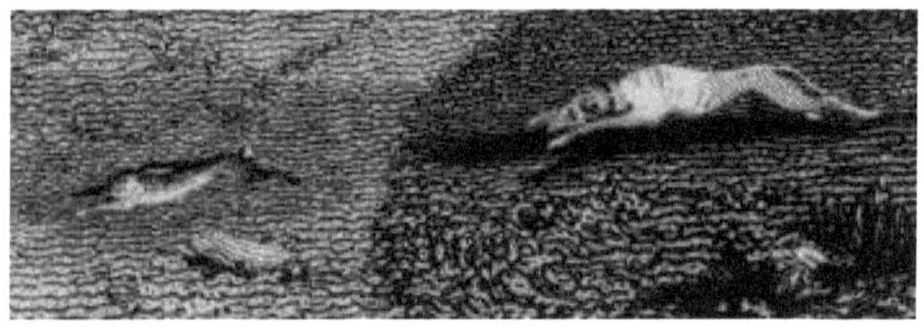

29   WILTON 1987, S. 17.

30   Leslie schreibt ausdrücklich, er habe keinen Zweifel („I have no doubt"), dass der Hase für den Gedanken der Geschwindigkeit stehe; Turner habe dieses Wort *wahrscheinlich* im Kopf

gehabt („the word must have been in his mind"), als er den Hasen malte.

31 Vgl. http://www.hasenbart.de/fakten/feldhase.html (Zugriff: 23.11.2017).

32 GAGE 1972, S. 11.

33 Die Aussage findet sich schon früher, so beispielsweise in Honoré de Balzacs 1831 erschienener Erzählung *Das unbekannte Meisterwerk*: „Der Auftrag der Kunst besteht nicht darin, die Natur nachzuahmen, sondern sie auszudrücken!" (BALZAC 1987, S. 43).

34 RUSKIN 1843/BROICHER 1902, S. 33.

35 Udo Kultermann, Geschichte der Kunstgeschichte. Der Weg einer Wissenschaft, München 1990, S. 86.

36 RUSKIN 1843/BROICHER 1902, S. 120. – Die folgenden Zitate ebd.

37 Auch diese Formulierung ähnelt einer Formulierung aus *Das unbekannte Meisterwerk*, mit der Balzac den alten, fanatisch nach dem ultimativen, vollendeten Meisterwerk strebenden Maler Frenhofer beschreibt: „Frenhofer ist ein Mann, [...] der höher und weiter sieht als die anderen Maler." (BALZAC 1987, S. 72).

38 RUSKIN 1843/BROICHER 1902, S. 119f.

39 Émile Bernard, Paul Cézanne, 1904; zit. nach: DORAN 1982, S. 47–61, hier S. 48.

40 Zit. nach: Joachim Gasquet, Was er mir gesagt hat, in: DORAN 1982, 133–198, hier S. 151.

41 Vgl. z.B. *Rom, vom Vatikan aus gesehen. Von der Fornarina begleitet, arbeitet Raffael an seinen Bildern für die Ausschmückung der Loggia*, 1820; London, The Tate Gallery. In diesem Bild verwendet Turner nicht nur regelwidrig mehrere Fluchtpunkte, sondern auch zwei Horizonte, was klar erkennbare, geradezu demonstrative Verstöße gegen die Regeln der Linearperspektive darstellt.

42 Vgl. Anm. 33.

[43] Robert de la Sizeranne, La photographie est-elle un art? (1899); zit. nach PAECH 1991, S. 241.

[44] Zu Ernest Meissonier vgl. Christof Diedrichs, Das Paradies bleibt verloren. Gauguins Südseebilder (= **ein**blicke – Kunstgeschichte in Einzelwerken 2), Freiburg i.Br./Norderstedt ²2015, S. 18–21.

[45] Zit. nach PAECH 1991, S. 250.

[46] „Hergestellt" im Sinn von „gezielt verursacht" bzw. „gesteigert"; Paul Virilio/Sylvère Lotringer, Der reine Krieg, Berlin 1984, S. 48.

[47] Erwin Straus, in: Quarterly Review 1839 (Bd. 63), S. 22; zit. nach SCHIVELBUSCH ⁴2007, S. 52.

[48] Brief vom 22. August 1837; zit. nach SCHIVELBUSCH ⁴2007, S. 54.

[49] Zit. nach WILTON 1987, S. 232.

[50] Die Formulierung wird von Ruskin überliefert; zit. nach WILTON 1987, S. 231.

[51] DE GONCOURT 2017, S. 158. – Der Roman *Manette Simon* ist 1867 erschienen.

[52] William Turner, Rom vom Vatikan aus gesehen. Von der Fornarina begleitet, arbeitet Raffael an seinen Bildern für die Ausschmückung der Loggia, 1820; London, The Tate Gallery.

[53] William Turner, Der Brand des Ober- und Unterhauses, 16. Oktober 1834, 1835; Philadelphia, Museum of Art.

[54] So der Kritiker im *Fraser's Magazine*; nach: WILTON 1987, S. 232; vgl. oben, S. 35.

[55] Zit. nach WILTON 1987, S. 232.

[56] Zit. nach WILTON 1987, S. 232.

[57] Zit. nach WILTON 1987, S. 219.

[58] Zit. nach GAGE 1972, S. 16. – Der Bericht, der ursprünglich von der erwähnten Lady Simon stammen soll, ist über mehrere Stationen an die Öffentlichkeit gelangt und dürfte an jeder dieser Stationen – in Kenntnis von *Regen, Dampf und*

Geschwindigkeit – den Absichten des Berichterstatters entsprechend modifiziert worden sein.

[59] WAGNER 2011, S. 22.

[60] Zit. nach WILTON 1987, S. 236.

[61] Überliefert von Richard Owen jun. (The Life of Richard Owen [sen.], London 1894), zit. nach WAGNER 2011, S. 20.

[62] Zit. nach WILTON 1987, S. 232.

[63] Anthony Pasquin, in: A Critical Guide to the Exhibition of the Royal Academy for 1796 (S. 15); zit. nach WILTON 1987, S. 31; die beiden folgenden Zitate ebd.

[64] DIEDRICHS 2017, S. 27–29.

[65] Als Favorit gilt der Mann mit erhobenen Armen, der in der linken, unteren Bildecke in einem Boot steht. Andere meinen Regulus in der Menschenmenge auf der rechten Seite identifizieren zu können. Vgl. David Blayney Brown, Regulus, in: KAT. LATE TURNER 2014, S. 132.

[66] Der Bericht der Lady Simon wird gelegentlich als Ausgangspunkt für die Beschreibung und Deutung von *Regen, Dampf und Geschwindigkeit* herangezogen.

[67] RUSKIN 1843/BROICHER 1902, S. 96. – Die folgenden Zitate ebd.

[68] Horst Wenzel, Spiegelungen. Zur Kultur der Visualität im Mittelalter (= Philologische Studien und Quellen 216), Berlin 2009, S. 23; das folgende Zitat ebd.

[69] Christof Diedrichs, Wahrnehmung des mittelalterlichen Kirchenraums, in: Christina Lechtermann/Carsten Morsch (Hgg), Kunst der Bewegung. Kinästhetische Wahrnehmung und Probehandeln in virtuellen Welten (= Publikationen zur Zeitschrift für Germanistik 8), Bern 2004, S. 267–284.

[70] Leon Battista Alberti, Della Pittura – Über die Malkunst. Hg. v. Oskar Bätschmann u. Sandra Gianfreda, Darmstadt 2002, hier S. 66–101.

[71] RUSKIN 1843/BROICHER 1902, S. 120.

[72] RUSKIN 1843/BROICHER 1902, S. 112. – Das folgende Zitat ebd.

[73] RUSKIN 1843/BROICHER 1902, S. 114.

[74] Als die erste dauerhaft haltbare Fotographie gilt eine von Joseph Nicéphore (1765–1833) 1826 erzeugte Heliographie. Zwischen 1835 und 1839 erzeugte Louis Jacques Mandé Daguerre (1787–1851) das nach ihm benannte Verfahren der Daguerreotypie.

[75] DE GONCOURT 2017, S. 158.

[76] WILTON 1987, S. 235.

ABBILDUNGEN

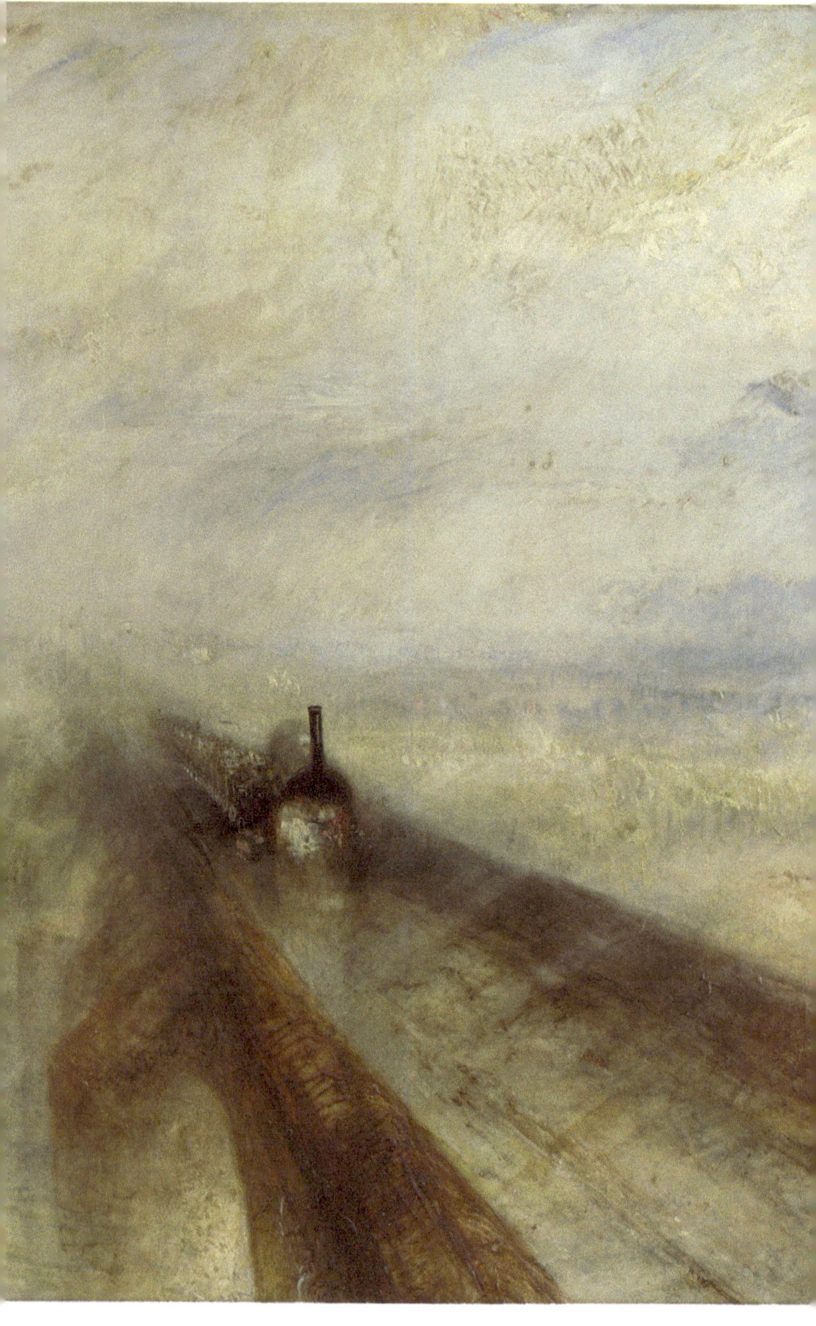

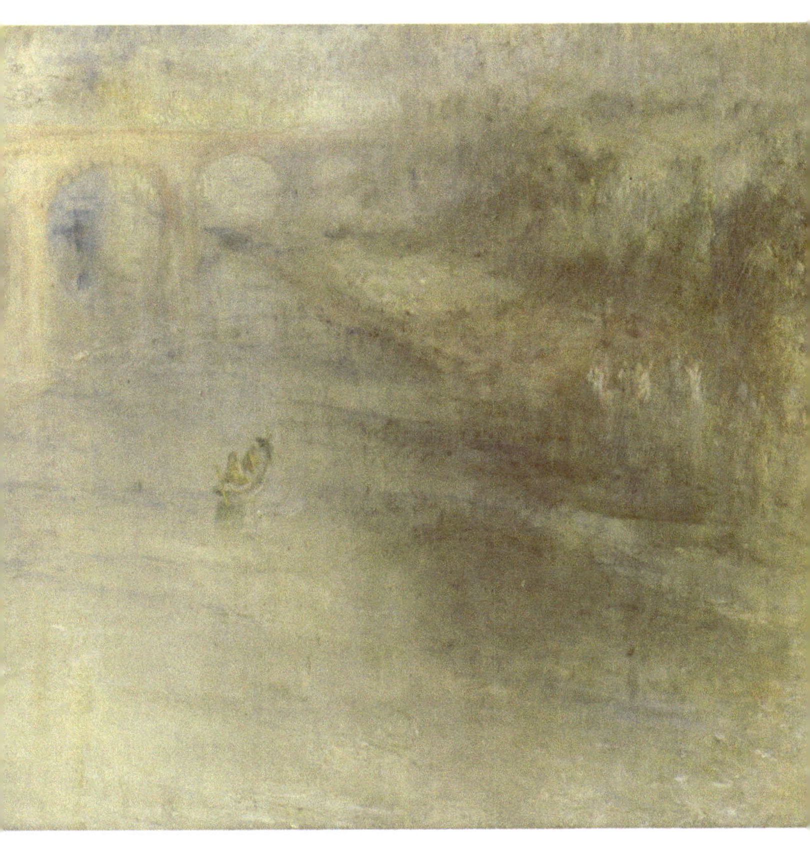

3. William Turner, Regen, Dampf und Geschwindigkeit –
Detail: linke Hälfte

gegenüberliegende Seite:
2. William Turner, Regen, Dampf und Geschwindigkeit –
Detail: rechte Hälfte

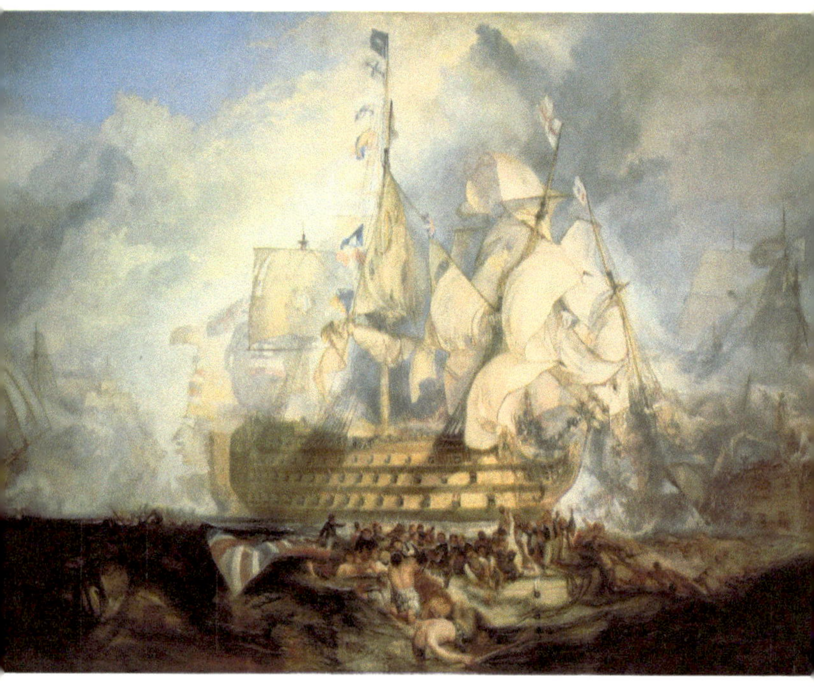

4. William Turner, Die Schlacht von Trafalgar, 21. Oktober 1805 (259 x 365,8 cm), 1823–24; London-Greenwich, National Maritime Museum

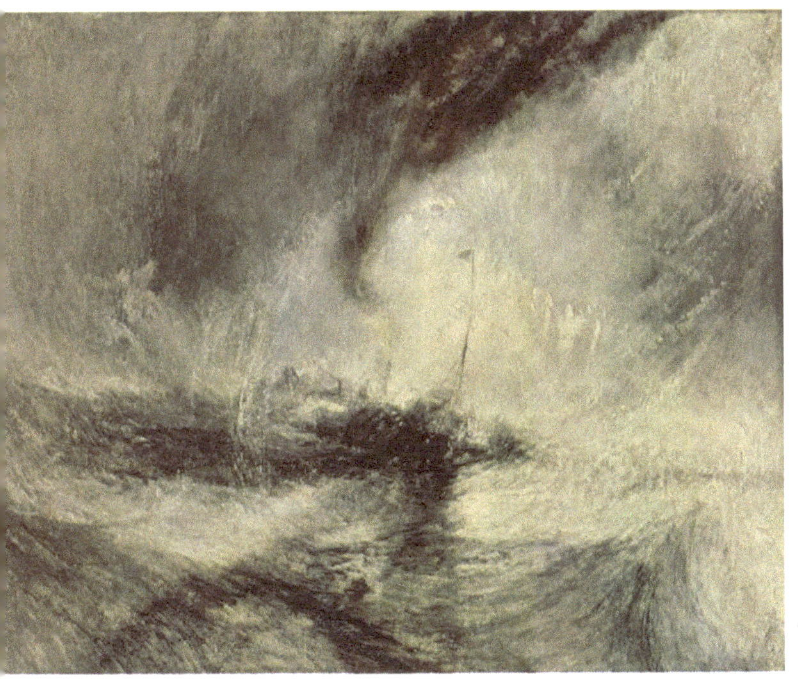

5. William Turner, Schneesturm – ein Dampfer vor einer
Hafeneinfahrt gibt Signale in der Untiefe und bewegt sich nach
Lot. Der Autor war in diesem Sturm in der Nacht, als die Ariel
aus Harwich auslief, 1842; London, The Tate Gallery

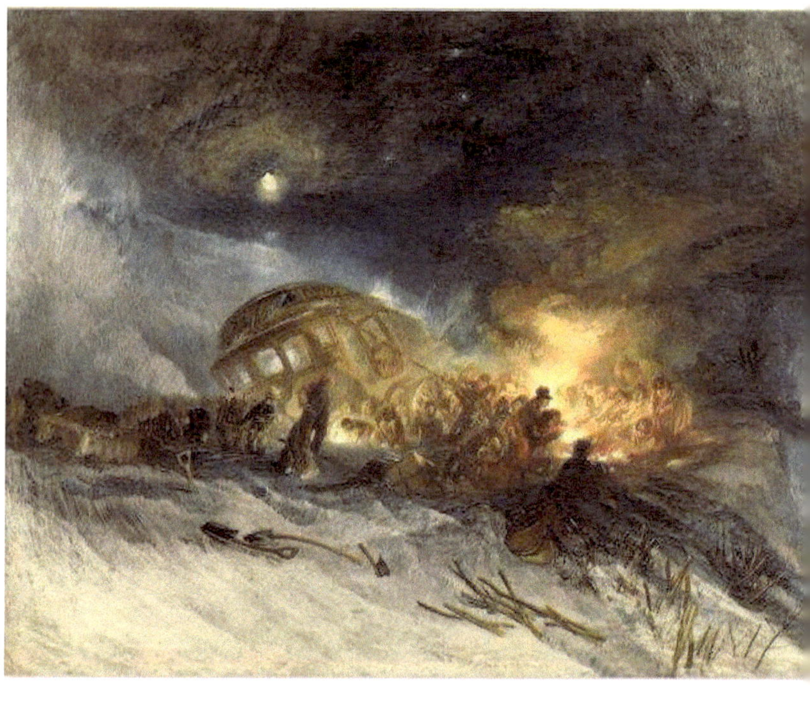

6. William Turner, Die Herren Reisenden auf ihrer Rückkehr
aus Italien (mit der Postkutsche) in einer Schneewehe auf dem
Mont Tarare am 22. Januar 1829 (Aquarell); London, The
British Museum

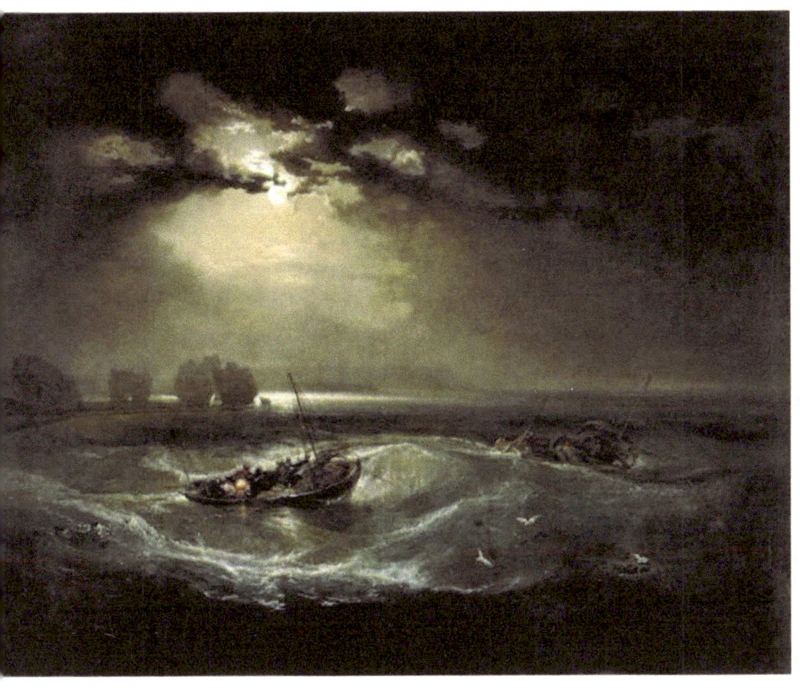

7. William Turner, Fischer zur See, 1796; London, The Tate Gallery

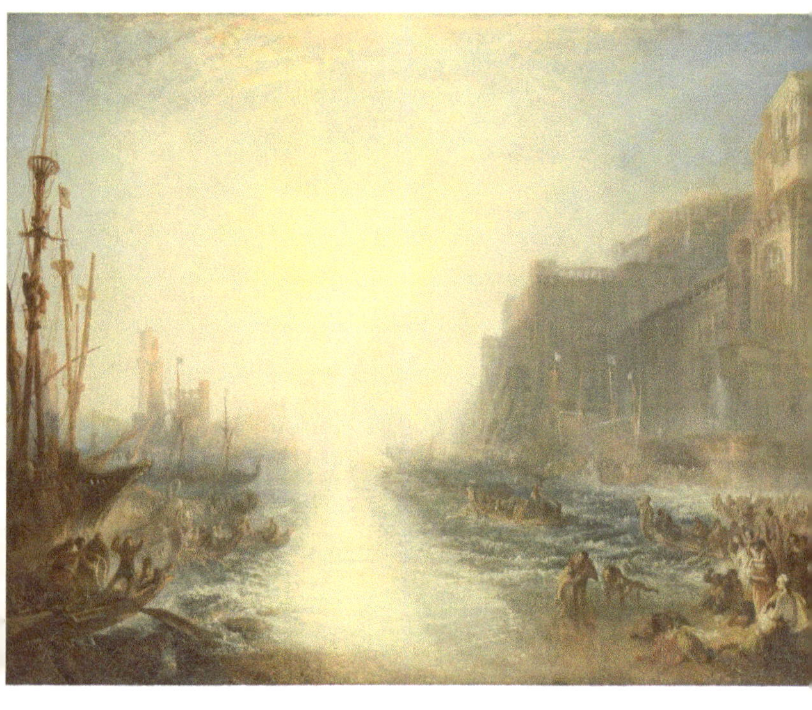

8. William Turner, Regulus, 1828, überarbeitet 1837;
London, The Tate Gallery

ABBILDUNGSNACHWEIS

wikimedia commons: Abb. 1, 2, 3, 4, Textabb. S. 16, 19, 23, 39, 47, 49, 57, 71, 75, 80.

en.wikipedia.org/Web Gallery of Art: Abb. 5.

Paris, Musée du Louvre: S. 23.

Didcot, Railway Centre/Ben and Rachel Apps: S. 34.

GAGE 1972: S. 36, 86, 90.

New York, Metropolitan Museum: S. 49.

National Portrait Gallery, London: S. 55.

www.prestigeapartments.co.uk: S. 58.

London, The Tate Gallery, Turner Collection: Abb. 6, 7, 8.

ABGEKÜRZT ZITIERTE LITERATUR

Das Literaturverzeichnis enthält ausschließlich abgekürzt zitierte Literatur.

KAPITÄLCHEN kennzeichnen die Abkürzungen, die in den Anmerkungen (S. 88–94) verwendet werden.

Literaturangaben der Mottos (S. 5):

„Ich habe es nicht …": WILTON 1987, S. 232.

„Ein Maler, der …": RUSKIN 1843/BROICHER 1902, S. 33

Literaturangaben in den Anmerkungen:

Honoré de BALZAC, Das unbekannte Meisterwerk. Mit Illustrationen von Pablo Picasso hg. und mit einem Nachwort versehen von Sebastian Goeppert und Herma Goeppert-Frank, Frankfurt am Main 1987/⁵1992.

Christof DIEDRICHS, Woran stirbt Jesus Christus? Und warum? Die Kreuzigungstafel des Isenheimer Altars (= **ein**blicke – Kunstgeschichte in Einzelwerken 5), Freiburg i.Br./Norderstedt 2017.

Michael DORAN (Hg), Gespräche mit Cézanne, Zürich 1982.

John GAGE, Turner. Rain, Steam and Speed, New York 1972.

Edmond und Jules DE GONCOURT, Manette Simon. Aus dem Französischen von Caroline Vollmann. Mit einem Nachwort von Alain Claude Sulzer, Berlin 2017.

David Blayney Brown/Amy Concannon/Sam Smiles, LATE TURNER. Painting Set Free. The EY Exhibition (Ausstellungs-Katalog), London 2014 (zit. als KAT. LATE TURNER 2014).

Joachim PAECH, Bilder von Bewegung – bewegte Bilder. Film,
Fotografie und Malerei, in: Monika Wagner (Hg), Moderne
Kunst. Das Funkkolleg zum Verständnis der Gegenwarts-
kunst, Reinbek bei Hamburg 1991, S. 237–263.

John RUSKIN, Modern Painters, Bd. 1, 1843; in der deutschen
Übersetzung zitiert nach: John Ruskin, Moderne Maler,
Bd. 1 u. 2. Im Auszug übersetzt und zusammengefasst von
Charlotte BROICHER, Leipzig 1902.

Wolfgang SCHIVELBUSCH, Geschichte der Eisenbahnreise. Zur
Industrialisierung von Raum und Zeit im 19. Jahrhundert,
München u.a. [4]2007.

Monika WAGNER, William Turner, München 2011.

Andrew WILTON, Turner und seine Zeit, München 1987.

GLOSSAR
ERKLÄRUNG VON FACHBEGRIFFEN

Abendländische Kunst: Kunst West- und Mitteleuropas (seit dem Frühmittelalter) und Nordamerikas (seit dem 20. Jahrhundert); akademische Klassifizierung, die den westeuropäisch-christlich beeinflussten Kulturraum *zeitlich* gegenüber früheren Kulturen (Antike), *regional* gegenüber Osteuropa (byzantinischer Einflussraum) und außereuropäischen Kulturen sowie *kulturell* gegenüber nicht-christlich geprägten Kulturen abgrenzt.

Ikonographie: Wissenschaft von den Bildmotiven und Bildinhalten, die religiös, mythologisch, symbolisch oder allegorisch sein können.

Kryptogramm: Ergebnis der Verschlüsselung (Chiffrierung) von Informationen, die nur für bestimmte Adressaten lesbar sein sollen; zur Entschlüsselung muss der entsprechende Dechiffrier-Code bekannt sein.

Kryptotechnik: Die zur Verschlüsselung notwendige Technik oder Methode.

Leeküste: Küste an der vom Wind abgewandten Seite eines Segelschiffs; ihre Bedrohung besteht darin, dass ein Schiff vom Wind unweigerlich auf diese Küste zugetrieben wird und kaum die Möglichkeit hat, von ihr freizukommen, wenn es, wie es vor der Erfindung des Dampfantriebs der Fall war, allein auf Wind und den Gebrauch der Segel angewiesen ist.

Leerstelle: In der Fachliteratur gängiger, aus der Literaturwissenschaft (Wolfgang Iser) stammender Begriff für eine Stelle in Literatur oder bildender Kunst, an der der Rezipient selbst aktiv werden und aus den dargebotenen, weitgehend unverbundenen Einzelelementen Ordnung bzw. Bedeutung selbst herstellen muss. Die Leerstelle ist ein Platzhalter für die kreative Eigenleistung des Rezipienten.

Levade: Figur in der Reitkunst, bei der das Pferd mit angezoge-
nen Vorderbeinen nur auf den angewinkelten Hinterbeinen
steht; in der Kunst kennzeichnet die Levade den erfolgrei-
chen Feldherrn oder Herrscher.

Mimesis (griechisch; Adjektiv: mimetisch): Nachahmung; in der
Kunst die möglichst wirklichkeitsgetreue, bildnerische
Nachahmung der äußerlich sichtbaren Wirklichkeit (auch
‚Natur‘ genannt).

Neuzeit: Innerhalb der abendländischen Geistesgeschichte die
auf das Mittelalter folgende, der Moderne vorausgehende
Epoche. Zeitlich liegt ihr Beginn regional unterschiedlich
im 15. oder 16. Jahrhundert – das 15. Jahrhundert gilt in
bestimmten Zusammenhängen als Frühe Neuzeit –, sie en-
det um die Wende vom 18. zum 19. Jahrhundert.

performativ: Im Sinn des englischen Verbs *to perform* (= ver-
richten, ausführen, tun) eine Handlung, auch wenn sie nicht
ohne weiteres als Handlung verstanden wird, wie z.B. Spre-
chen; dieses kann – der Sprechakttheorie John L. Austins
zufolge – konstativ sein, wenn mit Sprache nur etwas fest-
gehalten wird (wie eine Einkaufsliste), oder performativ,
wenn damit eine Handlung vollzogen wird (wie mit dem
‚Ja-Wort‘, mit dem die Ehe geschlossen wird).

Vedute: Ansicht einer Stadt oder einer Landschaft im Medium
von Malerei oder Graphik.

Zentralperspektive: Auf den Florentiner Baumeister und Bild-
hauer Filippo Brunelleschi (1377–1446) zurückgehende
Technik der Erzeugung einer überzeugenden Raumwirkung
auf einer Bildfläche durch die Verwendung von Fluchtpunkten und Fluchtlinien: alle Linien im Bild, die in der
dargestellten Wirklichkeit *in den Raum hinein* führen, laufen
auf einen zentralen Fluchtpunkt zu; bei Verwendung eines
dezentralen oder von mehreren Fluchtpunkten spricht man
allgemeiner von Fluchtpunkt- oder Linearperspektive.

DANK

Zehn Jahre ist es her, dass mit der *Victor-Klemperer-Akademie* ein Ort entstand, an dem sich kunstinteressierte Laien „aus reiner Freude" – so das Motto der Akademie – auf hohem Niveau mit der abendländischen Kunstgeschichte beschäftigen konnten. Seither haben viele Begegnungen stattgefunden, aus denen zum Teil langjährige Kontakte hervorgegangen sind, die nicht selten über die Beschäftigung mit Kunst weit hinausgingen. Die Teilnehmerinnen und Teilnehmer sind einen Lebensabschnitt miteinander gegangen.

Mit diesem sechsten Band der Reihe „**ein**blicke – Kunstgeschichte in Einzelwerken", an dem wiederum eine Reihe von Ihnen aktiv Anteil genommen haben, kommt dieser Weg – jedenfalls institutionell – an einen Endpunkt. Diese zehn Jahre waren eine *gute* Zeit!

Einzelnen von Ihnen zu danken, würde der gemeinsam verbrachten Zeit und den verschiedenen Formen der Anteilnahme nicht gerecht. Jede einzelne Begegnung war für mich eine Bereicherung, jede hatte ihren Sinn und ihren Reiz, der manchmal unmittelbar, manchmal erst später offenbar wurde. Daher möchte ich ausdrücklich allen denjenigen danken, die direkt oder indirekt an den verschiedenen Punkten dieses Wegs ihren Beitrag geleistet haben, seien Sie Teilnehmer/innen an den Veranstaltungen, Kollegen, Vertreter anderer Institutionen oder schlicht Dienstleister gewesen.

Dieser gemeinsame Weg war ein *guter* Weg, und ich wünsche denjenigen, die den Weg weitergehen möchten, dass sie dafür entsprechende Formen finden. Dazu ist Pionierarbeit zu leisten, das wissen wir, so war es schon diese ganzen zehn Jahre über.

Zugleich möchte ich an dieser Stelle an Franziska Ottersen und Gertrud Himmelsbach erinnern, die einen großen Teil des

Wegs mit uns gegangen und im Herbst 2017 bzw. im Spätsommer 2018 verstorben sind.

Am Schluss dieses Buchs möchte ich es nicht versäumen, denen ausdrücklich zu danken, die an der Entstehung dieses sechsten Bands mitgewirkt haben:

Als Testleser/innen und Kritiker/innen haben sich diesmal Ute Buck, Romy Herzog, Marlies Keck, Christel Kuhn, Renate Michel und weitere, ungenannte Freunde zur Verfügung gestellt. Ohne ihre kritische, aufmerksame Lektüre sähe das Buch anders aus – was keine Floskel ist, sondern nüchterne Tatsache, die mich mit Freude und Dankbarkeit erfüllt.

An einem bestimmten Punkt des Schreibprozesses waren mir Professor Horst Wenzel (Berlin) und Dr. Jörn Münkner (Wolfenbüttel, Herzog August Bibliothek) behilflich, wofür ich mich ebenfalls ganz herzlich bedanken möchte.

Und auch an diesem Band waren Andree Kröger und René Deuster (Field Interactive, Dortmund) beteiligt, die wie gewohnt die Umschlaggestaltung besorgt und der gesamten Reihe ihr unverkennbares Erscheinungsbild verliehen haben.

Schließlich möchte ich meiner Frau Silke danken. Die Vielgestaltigkeit der Unterstützung, die ich nicht allein für diesen Band, sondern für diese vergangenen zehn Jahre von ihr erfahren habe, ist buchstäblich nicht in Worte zu fassen. Ohne Dich hätte es die *Victor-Klemperer-Akademie* nicht gegeben und wären auch diese sechs Bände nicht entstanden!

Ich würde mich sehr darüber freuen, wenn die nicht zuletzt methodischen Ansätze, die die Reihe „**ein**blicke" vermitteln wollte, möglichst vielen Menschen einen aktiven, kritischen und souveränen Zugang zur älteren und jüngeren Kunst vermitteln würden.

Ballrechten, im September 2018
Christof Diedrichs

Während der Arbeit mit kunstinteressierten Menschen stellt sich immer wieder heraus, wie groß das Bedürfnis nach Unterstützung bei der Betrachtung und Deutung von Kunstwerken ist. Wer angesichts älterer oder neuerer Werke der bildenden Kunst nicht im Bereich unbewiesener Vermutungen und willkürlicher, freier Assoziation verbleiben will, fühlt sich auf sachkundige Anleitung angewiesen.

Leider ist eine solche nicht leicht zu erlangen, jedenfalls nicht auf einem gewissen Niveau, das sich vor allem durch einen gut durchdachten, methodischen Ansatz und die Absicherung in der aktuellen Forschungsliteratur auszeichnet. Allzu verbreitet ist die Vorstellung, Kunstwerke müssten ‚unmittelbar zugänglich' sein und Ergebnisse kunsthistorischer Forschung seien zeitlos gültig, bedürften niemals der Modifizierung oder gar der Korrektur.

Indessen ist vor allem letzteres ein Irrtum. Auch die kunsthistorische Forschung schreitet in ihren Erkenntnissen fort. Ältere, als sicher geltende Untersuchungsergebnisse werden nach einer gewissen Zeit revidiert, neue Sichtweisen setzen sich durch, frühere Deutungen und Einordnungen müssen zum Teil vollständig fallengelassen werden, neue treten an ihre Stelle, stets mit dem Anspruch, ‚richtiger' zu sein als die vorherige. Es gibt zahlreiche Beispiele dafür, dass als sicher geglaubte Forschungsergebnisse, selbst Ergebnisse naturwissenschaftlicher bzw. technischer Untersuchungen, sich nach einiger Zeit als schlichtweg falsch erwiesen haben.

Die Reihe „**ein**blicke – Kunstgeschichte in Einzelwerken" hat sich vor diesem Hintergrund zwei Ziele gesetzt:

1. Sie möchte interessierte Laien mit einer Methodik vertraut machen, die diese mit ein wenig Übung in die Lage versetzt, eigenständig und dennoch kompetent zu verlässlichen Ergebnissen der Betrachtung und Deutung von Werken der abendländischen Kunstgeschichte zu gelangen.

2. Außerdem wirkt die Reihe konsequent daran mit, aktuelle Ergebnisse kunsthistorischer Forschung bekannt zu machen und der eigenen Kunstbetrachtung interessierter Laien auf diese Weise eine vertrauenswürdige Grundlage zu geben.

Schließlich möchte die Reihe „**ein**blicke" mit ihrem Westentaschenformat nicht zuletzt zur Lektüre vor dem Original-Kunstwerk anregen. Sie bemüht sich bewusst um eine leicht verständliche Sprache und setzt kein Fachwissen voraus. Sie ist für interessierte Laien gedacht: ihnen wird in jedem Band ein bestimmtes Werk aus der Geschichte der abendländischen Kunst vorgestellt, das Schritt für Schritt betrachtet und gedeutet wird.

Ziel ist es, auf diesem Weg zu eigener Kunstbetrachtung auch anderer Werke anzuregen, auf die die vorgestellte Vorgehensweise angewendet werden kann.